すぐに▼役立つ

改訂新版 入門図解 **強制執行のしくみと手続き ケース別実践書式33**

弁護士 **岩﨑 崇** 監修

三修社

はじめに

　強制執行とは、国家機関（裁判所）を使って、権利内容を強制的に実現する手続きです。たとえば、金銭を貸した相手が期限を過ぎても一向に返済しない場合、債権者としては訴訟による解決を考えるでしょう。しかし、勝訴判決を得ても、判決を意に介さず支払いに応じない者もいます。そのような場合に、裁判所に申し立てて行うのが強制執行です。

　強制執行を行うためには申立書の作成などの場面で専門知識が必要になるため、実際には専門家、特に弁護士の助力が必要になるのが通常です。ただ、専門家に意向を伝え、本人が納得できる形で手続きを進めていくためには、トラブルに巻き込まれた本人が強制執行のしくみや手続きについて基本的知識を備えておくことが望ましいでしょう。

　本書は、強制執行を進める上で必要な知識や手続きを解説しています。裁判所に提出する書式も豊富に掲載し、担保権の実行や競売の入札、強制管理などについても項目を設けました。特に疑問に思うような問題についてはＱ＆Ａで解説していますので、不動産・動産・債権を対象とする民事執行手続きの流れを一通りつかむことができます。

　また、本書は、令和３年５月１日から全面施行された民事執行法改正に対応しています。今回の改正で財産開示手続（債務者を裁判所に呼び出し、どんな財産を持っているかを裁判官の前で明らかにさせる手続）が、より使いやすく、強力なものになりました。さらに、債務者以外の第三者からも、債務者の財産に関する情報を得られるようになりました。加えて、不動産競売における暴力団員の買受けを防止する制度も設けられています。これにより、民事執行手続が、より適正に、実効的なものになりました。

　本書をご活用いただき、強制執行のしくみや手続きの理解に役立てていただければ、監修者としてこれに勝る喜びはありません。

監修者　弁護士　岩﨑　崇

Contents

第３章　担保権の実行としての不動産競売

第４章　動産の強制執行

第5章　債権に対する強制執行

第１章

強制執行のしくみ

1 強制執行とはどのような手続きなのか

強制執行には何が必要で、どのような種類があるのか

強制執行とは

たとえば、お金を貸した相手がどうしても借金を返してくれない場合を考えてみましょう。貸した方は裁判所に訴えて回収しようと考えます。うまく証拠を示して訴訟で勝訴すると、通常は敗訴した相手はおとなしく支払います。しかし、ときには裁判で負けても支払わないケースもあります。その場合に、国家権力による強制力を使って裁判の結果を実現することになります。これが**強制執行**です。

もちろん、強制執行は、借金の返済のケースだけに利用されるわけではありません。「物を売買したのに代金を支払ってくれない」、逆に、「代金を支払ったのに商品を引き渡してくれない」というような場合にも利用できます。

また、自分の土地に勝手に資材などが置かれている場合にも、強制執行によってそれを排除することができます。

強制執行には債務名義が必要である

いくら訴訟で勝ったからといって、債権者が債務者の家の中にまで踏み込んで財産を没収したのでは、秩序ある社会とはいえません。裁判の決着がついた後でも、一定の手続きに従って、秩序ある解決を図ることが法治国家の要請であり、そのために強制執行という制度が設けられているのです。そして、秩序ある一定の手続きとして、強制執行には**債務名義**（強制執行をしてもよいという国家のお墨つきのこと）が必要とされています。

債務名義には、大きく分けて2つのものがあります。裁判所での手

続きを経たもの（判決など）と、裁判所での手続きを経ていないもの（執行証書）です。

■ 強制執行について規定する法律とは

　法治国家の要請として、債権の回収の手段も秩序あるものでなければなりません。そのため、権利義務関係という実体について民法という法律が、また、裁判手続きについては民事訴訟法という法律が規定しているように、強制執行の手続きについても法律に規定があります。現在、強制執行については**民事執行法**という法律が規定を設けています。

　なお、判決が下るまでに、債務者が財産を使ってしまったり、隠してしまうおそれもあります。したがって判決が下る前に、債権者の権利を仮に保全しておく必要もあります。そのような手続きを**仮差押・仮処分**といいます。これらについては、民事執行法とは別に、民事保全法という法律が規定しています。仮差押・仮処分も広い意味では強制執行に入るので、民事保全法も、強制執行について規定している法律ということになります。

■ 強制執行の手続き ……………………………………………

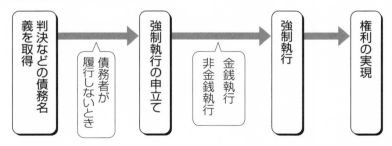

判決などの債務名義を取得 → 債務者が履行しないとき → 強制執行の申立て → 金銭執行・非金銭執行 → 強制執行 → 権利の実現

強制執行の種類にはどんなものがあるのか

　強制執行は民事執行法と民事保全法で規定されていますが、具体的にはどのような種類があるのでしょうか。

①　金銭の支払いを目的とする強制執行

　強制執行の目的としては、まず、金銭の支払いを目的とするものが挙げられます。つまり、借金を返済してくれないケースや、売買で目的物を引き渡したのに代金を支払ってくれないケースの強制執行です。

　金銭の支払いを目的とするといっても、もともと担保権の設定を受けずに債務者の財産を現金に変えて弁済を受ける場合と、設定されている担保権を実行する場合とがあります。**担保権の実行**とは、目的物を競売（17ページ）にかけて換価（換金）し、その中から債権を回収するということです。

　なお、担保権の設定されていない強制執行では、強制執行の対象に従って、以下の種類に分類されます。

・不動産に対する強制執行

・動産に対する強制執行

・債権に対する強制執行

・その他の財産権に対する強制執行

②　金銭の支払いを目的としない強制執行

　強制執行には、金銭の支払いを目的としない場合もあります。たとえば、土地を借りている賃借人が、期限が切れたのに土地を明け渡さない場合に、建物を収去し、土地を明け渡してもらうための強制執行、売買契約を締結し代金も支払ったのに売主が目的物を引き渡さない場合に、目的物の引渡しを実現するための強制執行などがあります。

③　仮差押・仮処分の執行

　強制執行は、一般的には、判決などを実現するための手続きですが、債権者の権利を確保するための仮の命令を裁判所にしてもらうための、仮差押・仮処分の執行もあります。

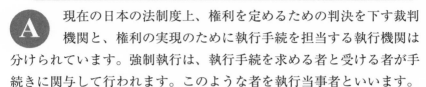

Q だれが強制執行の手続きを行うのでしょうか。

 現在の日本の法制度上、権利を定めるための判決を下す裁判機関と、権利の実現のために執行手続を担当する執行機関は分けられています。強制執行は、執行手続を求める者と受ける者が手続きに関与して行われます。このような者を執行当事者といいます。

執行は、執行当事者本人の手によって行われるのではなく、執行裁判所や執行官といった執行機関によって行われます。

① **執行当事者**

ある請求権につき利害関係をもっているため、強制執行の手続きを求め、あるいは強制執行を受け、当事者として手続きに関与する主体のことを執行当事者といいます。執行当事者は、「申立てをする」「配当要求をする」など、自分の意思で手続きに関与することが認められています。執行当事者は、債権者・債務者とも呼ばれることに注意してください。

② **執行機関**

強制執行は、執行機関によって行われます。判決さえもらえば、どんな方法でだれがやってもよいというわけではありません。一般人が勝手気ままに行うことは許されていないのです。

執行機関には、執行裁判所と執行官があります。執行裁判所と執行官には、それぞれ職域分担があり、強制執行の対象となる財産によって区別されています。

まず、執行裁判所の職務上の管轄（職分）は、不動産、船舶、航空機、自動車・建設機器、債権です。次に、執行官の職務上の管轄は、動産です。大まかに言えば、不動産・債権の場合は執行裁判所、動産の場合は執行官ということになります。

なお、申立ての際には、管轄を間違えないように十分注意しましょう。

2 強制執行の目的となる財産には何があるのか

一般的には不動産・動産・債権が目的となる

金銭の支払いを目的とする強制執行

　金銭の支払いを目的とする強制執行では、金銭そのもの、または、金銭に換価することができる財産を現金に変えて、そこから支払いを受けるしくみになっています。そこで、債権者としては、強制執行の手続きを進める前提として、何に対して強制執行をかけることができるのかを把握しておく必要があります。何に対して強制執行をすることができるのかを把握した後に、債務者の具体的な財産状況に応じて、どの財産に対して強制執行をするのが効果的なのかについて検討することになるのです。

　また、目的となる財産によって、長所・短所があるので、そのあたりについても考慮すべきです。強制執行の目的となる財産は、大きく分けて、不動産、動産、債権、その他の財産があります。

不動産に対する強制執行

　日本の法律では、土地と建物は別個の不動産として扱うことになっています。不動産をめぐる法律関係は、法務局（登記所）で登記を調査して把握します。

　なお、土地（特に山）の上に生育している立木については、特別な取扱いがなされている場合があるので注意が必要です。

　日本では、不動産は高価な財産です。そのため、債務者が不動産を所有している場合には、それを金銭に換価（換金）して、債権を回収できる可能性は高いといえます。動産とは違い、隠すことは非常に難しいのです。ただ、財産状態の悪い債務者については、すでに不動産

に抵当権などの担保権が設定されているケースが多いので、その場合には担保権者に優先されてしまいます。

動産に対する強制執行

　動産とは不動産以外の有体物です。具体的には、宝石などの貴金属、テレビなどの家財道具などを意味します。ただし、船舶・自動車・飛行機などの登録されている動産については、特別な取扱いがなされているので注意が必要です（152ページ）。

　その他、強制執行においては動産と扱われるものとして、裏書が禁止されていない有価証券、たとえば、約束手形・小切手などがあります。これらは現金化しやすく高価なものが多いので、強制執行の対象としては有効です。

債権に対する強制執行

　債権とは、特定の者が特定の者に対して給付をすることを請求することができる権利一般です。ただ、ここで対象となり得る債権は、通常は金銭債権ということになります。具体的には、会社員の会社に対する給与債権、預金者の銀行に対する預金債権、国に対する国債、その他、貸金債権、代金債権などです。そのまま金銭になり、金額も明確なので、強制執行の対象としては有効です。

その他の財産に対する強制執行

　前述したもの以外にも、財産的価値が高く、強制執行の対象となる特殊な財産もあります。特許権、実用新案権、意匠権、商標権、著作権といった知的財産権も対象になります。また、他にも、現金に換価することができるもので、強制執行の対象となる財産権もあります。

3 強制執行はどのように行うのか

目的とする財産によってかなり異なっている

対象によって方法は具体的に異なる

　前項で強制執行がどの財産を目的とするかによって種類分けをしましたが、これには実務的な意味があります。というのも、同じ強制執行でも目的とする財産が異なると、実現する具体的方法もかなり違ったものになるからです。

　ここでは、不動産、動産、債権に分けて強制執行の具体的方法の概略を述べてみます。

不動産に対する強制執行

　不動産に対する強制執行は、一言で言って、競売によるものです。競売といっても、もともと抵当権などの担保権が設定されている不動産を競売する場合と、債権だけがあって、その回収のために競売を行う場合とがあります。ただ、いずれの場合も、競売という基本的な方法に大きな違いはありません。

　不動産を競売にかける手続きの流れは、次のようになります。

① **申立て**

　債権者は債務名義（20ページ）を示して、裁判所に対して、不動産競売の申立てをします。その際、あらかじめ必要な費用を納付しなければなりません。これを**予納**といいます。

② **競売開始決定**

　申立てを受けた裁判所は、競売に必要な要件が整っているかどうかを審査します。要件が整っていると判断すると競売開始決定（53ページ）をします。

③ 売却基準価額の決定

　裁判所は、目的となる不動産の財産価値を公平に評価するため、評価人（不動産鑑定士）を選任します。選任された評価人は当該不動産を鑑定し、その報告を基に、裁判所は競売の売却基準価額を決定します。この価格は、競売の期日とともに公告されます。

④ 競売

　売却基準価額と期日が決まると、不動産は競売にかけられます。世間一般では、競売は「きょうばい」と読みますが、法律の世界では「けいばい」と読んでいます。もっとも、競売といっても、いわゆる「競り売り」は最近では行われておらず、「期間入札」という方法が採られています。期間入札とは、不動産を落札（買い取り）したい者は、裁判所が定めた一定期間内に、買受可能価額（売却基準価額からその10分の2に相当する額を控除した価額）以上の希望価格を入札し、最高価格をつけた者に不動産が売却されるという方法です。

▌動産に対する強制執行

　動産に対する強制執行の手続きは、不動産に対する強制執行と対照的です。動産の強制執行は執行官が主体となって、以下の①〜③の順序で行われます。

■ 不動産競売手続きの流れ

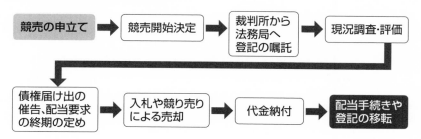

① 債権者の申立て

　まず、債権者が債務名義を示して、動産の強制執行を申し立てます。裁判所ではなく、動産所在地の執行官に申し立てます。執行官は裁判所にいます。

② 動産の差押え

　次に、申立てを受けた執行官は動産の所在地に行き、動産を差し押さえます。ここでも不動産強制執行との違いがあります。動産は家屋の内部にあるのが通常なので、どんな動産があるのかは入ってみなければわかりません。そのため、いざ差押えの段階になって、どの動産を差し押さえるのかは、執行官の裁量に委ねられることになるのです。執行官は、債権額を充たすと考えるまで、差押えをします。

　差押えをすると、その動産には差押えの札が貼られるか、別の方法によって差押えがなされたことが示されます。表示されると、動産の所有者であっても、その動産を自由に売却したりすることはできなくなります。違反すると刑事罰に問われます。

　ただ、何でも差し押さえることができるわけではありません。債務者といっても人権は保障されており、最低限の生活まで奪うことは許されません。生活に必要な最低限の衣服・寝具・家具・その他の生活用品や66万円までの現金は差し押さえることはできません。生活に必要な1か月分の食料・燃料なども差し押さえられません。

■ **動産競売の手続きの流れ** ……………………………………………

差押え　▶　公告・期日の通知　▶　競り売りの期日　▶　売却代金から債権回収

　　　　　　　　　　　　　　最高価格を提示した者に売却する

また、債務者が従事する仕事に必要な器具を差し押さえると、その後の生活に窮するので、これも差し押さえることは許されません。農業者にとっての農具、職人にとっての工具などが、これに該当します。

③　差押え動産の売却

　差し押さえられた動産は、売却期日に競り売りされます。競り売りの結果、得られた代金が、債権者に配当されます。

▍債権に対する強制執行

　債権に対する強制執行は、債務者の住所地を管轄する裁判所に、差押命令の申立てをすることからはじまります。なお、差し押さえるべき債権の債務者を**第三債務者**と呼び、預金債権の銀行、給与債権の会社などが該当します。

　差し押さえられると、債務者は債権の取立てはできず、第三債務者も弁済が禁止されます。差押命令が債務者に送達されて1週間が経過すると、債権者は直接債権を取り立てることができます。

　また、別の方法として、債権そのものを、その額面の金額のまま債権者に移転するよう裁判所に命じてもらうという方法もあります。これを転付命令（184ページ）といいます。

■ 強制執行の対象 ……………………………………………

種　類	特　徴
不動産	裁判所への申立て。競売を基本とした強制執行
動　産	執行官への申立て。執行官による差押え
債　権	裁判所へ差押命令の申立て。債権者が直接債権を取り立てることができる

4 強制執行にはどのような書類が必要なのか

強制執行をするための証明書が必要

■ 強制執行に必要な書類は３つある

　強制執行が執行機関によって開始されるためには、原則として、①債務名義、②執行文、③送達証明という３つの書類が必要です。一般にはあまり聞き慣れない言葉ですが、強制執行を知る上では非常に重要です。これらはそれぞれ独立の意義をもっています。以下、個別に検討してみましょう。

① 債務名義

　債務名義とは、債権が存在することを公に証明した文書です。当事者間で債権債務という法律関係の有無について争いがあって、一定の慎重な手続きに従って紛争に終止符が打たれ、債権債務関係が明確になった場合に、その結果を文書という形で残したものです。債務名義として債権債務関係が明確になった後も債務者が債務を履行しない場合には、その文書の内容に即して、債権者は裁判所の助力を得て債権を実現することができるのです。

■ 強制執行に必要な３点セット ……………………………………

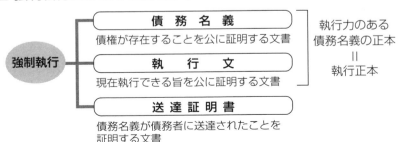

債務名義には、当事者（債権者と債務者）、実現されるべき給付請求権が表示されます。

　民事執行法22条各号を見てみましょう。そこには、確定判決、仮執行宣言付判決、仮執行宣言付支払督促、執行証書、仲裁判断、確定判決と同一の効力をもつものなどが規定されています。これらはみな債務名義です。

　これらのほとんどのものは、裁判所の手続によって取得する必要がありますが、執行証書だけは公証人（28ページ）が作成できます。

　なお、「確定判決と同一の効力をもつもの」には裁判上の和解調書も含まれます。

② 　執行文

　執行文とは、債務名義の執行力が強制執行をする時点でも存在する

■ 債務名義と強制執行の申立てに必要な書類 ·························

債務名義になるもの	備　　考
判決 ·························	確定しているものでなければならない 執行申立てに、執行文、送達証明書、確定証明書が必要
仮執行宣言付きの判決 ···	確定していないが一応執行してよいもの 執行申立てに、執行文、送達証明書が必要
支払督促＋仮執行宣言 ···	仮執行宣言を申し立てる 執行申立てに、送達証明書が必要
執行証書 ·····················	金銭支払のみ強制執行が可能 執行申立てに、執行文、送達証明書が必要
仲裁判断＋執行決定 ······	執行決定を得ることができれば執行できる 事案によって、執行文、送達証明書、確定証明書の要否が異なる
和解調書 ·····················	「○○円払う」といった内容について執行可能 執行申立てに、執行文、送達証明書が必要
認諾調書 ·····················	請求の認諾についての調書 執行申立てに、執行文、送達証明書が必要
調停調書 ·····················	「○○円払う」といった内容について執行可能 執行申立てに、執行文、送達証明書が必要

※一部の家事事件についての調停証書や和解調書については、執行文は不要

ことを公に証明する文書です（民事執行法26条）。

　そもそも債務名義がなければ強制執行を申し立てることができません。ただ、それだけで強制執行ができるのかというと、そうではありません。

　判決が下されたり、公正証書が作成された後でも、債権債務をめぐる状況が変化していないとは限りません。債務者が死亡してしまい、子供らが債務のことを知らずに相続をしているケースはあり得ます。

　また、会社が合併して別の法人となっていれば、債務者の名義の異なった債務名義でそのまま強制執行をすると、問題が生じます。このような問題を避けるために、債務名義のまま強制執行する効力があることを確認する手続きが用意されています。これを**執行文の付与**といいます。

　債権者が強制執行を申し立てた時点で、債務名義に執行力があることをチェックしてもらい、それを証明する文をつけてもらうのです。

　執行文の付与は執行力を証明することなので、証明することができる資料を保有している機関が行います。判決や和解調書といった裁判所が関与する債務名義については、その事件の記録が存在している裁判所の書記官が行います。執行証書については、その原本を保管している公証人が行うことになります。

③　送達証明

　強制執行手続は、債権者の申立に基づいて行われます。執行機関が手続きを開始するためには、債務者に債務名義を送達しておかなければなりません（民事執行法29条）。そして、送達という手続きを踏んだことを証明してはじめて強制執行を開始することができるのです。送達を証明する書類のことを**送達証明**といいます。

　送達（証明）が要求される理由は、債務者にどのような債務名義で執行手続が開始されるのかを知らせ、債務者に防御の機会を与える必要があるからです。

　なお、送達証明は、裁判所書記官や公証人に申請して発行してもらいます。

5 強制執行と担保権実行の関係はどうなっているのか

強制執行と担保権の実行の違いをおさえる

■ 強制執行の基本的なしくみと2つの意味

　一般に、強制執行という言葉でイメージされる手続きは、厳密には 2種類に分けられます。1つは（狭い意味での）「強制執行」で、も う1つは「担保権の実行」です。ここでは、強制執行と担保権の実行 の違いを説明します。

　まず、強制執行は、勝訴判決などの債務名義を持っている債権者が、 債務者の財産を差し押さえるなどして、強制的に権利を実現する手続 きです。たとえばお金の貸し借りであれば、借主がお金を返さない場 合、通常は、貸主は借主に対して裁判を起こして支払いを命じる勝訴 判決をもらいます。それにもかかわらず借主が支払いをしないときに、 借主の財産を差し押さえるのが強制執行です。

　これに対して、担保権の実行は、債権者が債務者の財産について抵 当権などの担保権を有しているときに、これを実行して強制的に権利 を実現する手続きです。担保権の実行の場合、債務名義は不要です。 たとえば、お金を貸した時に、借主の所有する不動産に抵当権を設定 していたとします。この場合、借主がお金を返さないときは、貸主は 裁判を起こさなくても、抵当権を実行することによって不動産を差し 押さえることができるのです。

■ 強制執行と担保権の実行の違いはどこにあるのか

　では、①強制執行と、②担保権の実行では具体的にどのような違い があるのでしょうか。

　確かに、強制執行も担保権の実行も、民事執行法という法律の中で

規定されています。また、金銭の支払いを目的とする限りでは、双方の制度は共通している部分はあります。

しかし、以下の点で違いがあります。

まず、国家の力によって強制的に債権を実現するといっても、強制執行の場合は、債務名義という文書が前提となっています。これは、債権が実在し、債務者が履行しない場合には、それを強制的に実現してもかまわないということを明確にしたものです。

一方、担保権の実行の前提となっているのは担保権の設定であり、ここでは原則として、当事者間での担保権設定契約が存在しています。もっともポピュラーなものは抵当権・根抵当権といったところです。つまり、判決といった債務名義が前提とはなっていないのです。

また、両者は手続きの複雑さも異なります。強制執行には原則として債務名義・執行文・送達証明といった書類が必要となりますから、手続きは簡単とはいえません。これに対し、担保権の実行では担保権の存在を証明する法定文書（民事執行法181条）があれば、手続きを開始することができます。担保権の登記されている登記事項証明書もこの法定文書となりますので、担保権が登記されているのであれば、登記事項証明書の提出で足りることになります。

当然のことですが、実際に担保権の実行が問題となる場合に備えて抵当権などの設定をした場合には、登記をしておきましょう。

■ 強制執行・担保権の実行要件 ....

```
            ┌─ 強制執行 ─┐  判決、調停調書、和解調書、
            │             │  執行証書、支払督促　など
  債権回収 ─┤
            │             │  抵当権、根抵当権、質権
            └─ 担保権の実行 ┘ 譲渡担保権、仮登記担保権 など
```

6 債務名義にも種類がある

債務名義となるのは確定判決だけではない

債務名義と裁判所の関与の有無

　債務名義は、大きく分けて2つの種類に分けられます。1つは作成過程で裁判所が関わっている場合、もう1つは、裁判所が関わっていない場合です。まず、裁判所が関与している場合の債務名義について解説します。

　債務名義の多くは、裁判所がその作成過程に関与しています。裁判所での判断は、民事訴訟法をはじめとした法律に沿って、厳格な手続きの下で行われています。そのため、その結果もたらされた債権債務関係に対する判断は確かなものであり、その結果を強制力を使って実現することができるのです。

　裁判所が関与している債務名義の中でも、代表的なものが**判決**です。訴訟の場で、紛争を抱えている当事者が主張をぶつけ合い、それに対して裁判所が判断を下した結果が判決です。

　訴訟は、中立・公正な第三者である裁判所で行われます。原告（訴えた者）・被告（訴えられた者）双方がそれぞれ自分の言い分を主張し、それを証拠によって証明し、裁判所が判断を下します。

　訴訟は、裁判所に訴状（原告の主張を記載した書面）を提出することから始まります。その後、被告には、第1回期日の呼出状と答弁書催促状とともに、訴状が送達されます。

　訴訟では、被告が答弁書（原告の主張に対して被告の主張を記載した書面）を提出し、原告の請求とその根拠となる事実に対する認否を行います。その後、裁判官の面前で原告・被告がともに言い分を主張します（口頭弁論）。その上で争いのある事実があれば、証拠調べが行

われます。裁判官が、口頭弁論や証拠調べにより、心証を得れば、判決を下します。判決に不服がある当事者は、判決書送達後14日以内に上級裁判所へ控訴して争うことができます。控訴をすることなく14日が過ぎると判決が確定し、この判決（判決書）が債務名義になります。

　裁判所の関与する債務名義としては、「和解調書」（30ページ）というものもあります。訴訟の途中で、当事者が互いに歩み寄って紛争を終結させることを和解といいます。和解がなされると、裁判所は当事者の合意内容に従って文書を作成します。これを**和解調書**といいます。

　また、訴訟という形をいきなりとるのではなく、裁判官以外の者も含んだ調停委員と当事者がテーブルを囲んで、話し合いで紛争を解決するという方法もあります。これを調停といいます。調停それ自体は、訴訟とは異なり強制的な手続きではありませんが、合意が成立し、その内容が文書になると、当事者は以後その内容に従わなければなりません。この文書を**調停調書**といいます。調停調書は、債務名義の一種になります。

■ 訴訟手続き

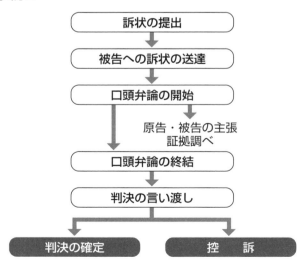

```
            ┌──────────────────┐
            │   訴状の提出       │
            └──────────────────┘
                     ↓
            ┌──────────────────┐
            │ 被告への訴状の送達  │
            └──────────────────┘
                     ↓
            ┌──────────────────┐
            │   口頭弁論の開始    │
            └──────────────────┘
                     ↓
                原告・被告の主張
                   証拠調べ
            ┌──────────────────┐
            │   口頭弁論の終結    │
            └──────────────────┘
                     ↓
            ┌──────────────────┐
            │   判決の言い渡し    │
            └──────────────────┘
              ↓                ↓
      ┌──────────┐      ┌──────────┐
      │ 判決の確定 │      │  控　訴  │
      └──────────┘      └──────────┘
```

▌仮執行宣言付支払督促とは

　支払督促という制度を知らない人もいると思います。債権者から見て、債権債務関係（金銭の支払いなどを求める場合に限ります）について争いがないと考えた場合に、裁判所を通じて支払いを督促するという制度です。債務者にとって身に覚えがある場合には、債権者からの電話や請求書などによる催促ではなく、裁判所を通しての催促だと、真剣に弁済を考えるという点で実効性がある制度です。

　支払督促では、まず、債権者が裁判所に対して支払督促の申立てをすることから手続きが始まります。裁判所の書記官は申立書を審査して、債務者に対して支払督促を送達します。

　債務者は、支払いを承諾しない場合には、送達を受けてから2週間以内に、その旨の異議を申し立てます。これを「督促異議の申立て」といいます。督促異議の申立てがなければ、債権者はさらに申し立てて、支払督促に**仮執行宣言**をつけてもらえます。仮執行宣言とは、迅速に手続きを進めるために、強制執行ができることを仮に認める宣言

■ 支払督促手続き ……………………………………………

```
┌──────────────────────────┐        ┌──────────────────────────┐
│ ① 管轄（債務者の住所地の簡易裁判所）│        │ ⑧ 債務者の財産に強制執行      │
└──────────────────────────┘        └──────────────────────────┘
            │                                      ↑
┌──────────────────────────┐        ┌──────────────────────────┐
│ ② 支払督促を申し立てる        │        │ ⑦ 強制執行の申立てをする      │
└──────────────────────────┘        └──────────────────────────┘
     ┊⋯▶ 異議があれば                        ↑  債務者が支払いを
          民事訴訟手続きへ                        拒み続けているとき
┌──────────────────────────┐        ┌──────────────────────────┐
│ ③ 異議申立期間の満了         │        │ ⑥ 仮執行宣言付支払督促の確定  │
└──────────────────────────┘        └──────────────────────────┘
            │                               ↑  正本送達後、2週間以内に
                                              異議申立てがない場合
┌──────────────────────────┐        ┌──────────────────────────┐
│ ④ 仮執行宣言を申し立てる      │───────▶│ ⑤ 仮執行宣言付支払督促の送達  │
└──────────────────────────┘        └──────────────────────────┘
                                          ┊⋯▶ 異議があれば
                                               民事訴訟手続きへ
```

です。仮執行宣言付支払督促はそれ自体が債務名義となり強制執行が可能になります。また、仮執行宣言付支払督促が送達されてから督促異議の申立てがないままさらに2週間が経過すると、確定した判決と同一の効力をもちます。

　もし、督促異議の期間内に債務者から異議が出ると、通常の訴訟へと手続きが移行します。通常の訴訟の場で、いずれの主張が正しいのかを審理することになるのです。

　支払督促は迅速に行われるので、手続きは正確には裁判所というより裁判所書記官が行います。金銭債権などの存在が確実で争いがない場合には、簡易迅速かつ安価に債権を回収することができる手段です。

▌執行証書とは何か

　裁判所の関与しない過程で作成される債務名義としては、**執行証書**があります。執行証書とは、金銭の一定の額の支払などを目的とする請求について公証役場の公証人が作成する**公正証書**で、債務者が直ちに強制執行を受けることを認める旨が書かれているものです。公証人は、一定の資格に基づいて法律の専門家が就任する役職で、実際には、裁判官や検察官だった人たちが就任しています。法律の専門家が一定の手続きに従って作成する文書なので、その内容に従って強制執行を行うことが認められているのです。

　通常は、当事者が双方の合意により契約書などを作成しておくのですが、万が一に備えて公証役場に行き、契約内容を執行証書（公正証書）にしておきます。当事者間で作成した通常の契約書の場合に契約相手が債務を履行してくれないと、訴訟を起こして勝訴判決を得てからでなければ強制執行をすることができません。

　しかし、執行証書（公正証書）にしておくと、面倒で費用のかかる訴訟を経ずに、直ちに強制執行へと進むことができます。

　このように便利な制度ではありますが、公正証書により強制執行が

できるのは、金銭の一定の支払いと有価証券（手形、小切手など）の請求に限られています。また、債務者が直ちに強制執行に服する旨の陳述（執行認諾文言）が記載されていることも必要です。

強制執行の開始にあたって

　債務名義があり、執行文の付与を受けたとしても、それだけで強制執行を開始できるわけではありません。債務名義が債務者に送達されていることの証明（**送達証明書**）が必要です。送達証明書が要求される理由は、債務者にどのような債務名義で執行手続が開始されるのかを知らせ、債務者に防御の機会を与える必要があるからです。送達証明書は、裁判所書記官や公証人に申請して発行してもらいます。将来強制執行をする可能性がある場合には、債務名義を取得した時点で債務名義の送達までは済ませておき（判決書、仮執行宣言付支払督促は職権で送達されますが、それ以外は送達の申出が必要です）、強制執行を申し立てる時点では送達証明書の取得だけをすることが多いです。

■ 公正証書作成の流れ ‥‥‥‥‥‥‥‥‥‥‥‥‥‥‥‥‥‥‥‥

申請前に公正証書の作成について当事者の合意が必要

申請書類を再チェック
・公正証書にしたい文面
・本人確認資料（当事者が法人か個人かで異なる）
・代理人申請の場合は本人作成の委任状や本人の印鑑証明書など

最寄りの公証役場へ行く

公証人が公正証書を作成

Q 和解調書や調停調書に基づく強制執行は可能でしょうか。

 和解調書や調停調書は確定判決と同一の効力を有するので債務名義になります。したがって和解調書や調停調書に基づき強制執行をすることができます。ただし、他の債務名義と同様、強制執行の手続きに際しては、執行文の付与を受ける必要があります（慰謝料等の請求を含まない家事調停調書では執行文は不要）。

・**和解調書**

訴訟を提起した場合に、判決に至らず、和解が成立することがあります。これを、裁判上の和解といいます（裁判上の和解には、訴え提起前の和解と裁判上の和解という２つがあります）。裁判上の和解の内容が記載された調書を一般に和解調書といいます。

裁判上の和解は、裁判所の介入があった上でなされるものですから、その内容が記載された調書には高度の信用性があるといえるでしょう。

このようなことから、和解調書は債務名義となることが認められているのです。

・**調停調書**

調停調書は、民事調停という手続きに従い、当事者と裁判所の調停委員が話し合って紛争を解決した（合意に達した）内容を調書に記載したものです。

調停調書も和解調書と同じく、調停委員という裁判所の機関の面前で行われた合意内容を記載するものですから、高度の信用性があると考えられ、債務名義となることが認められるのです。

和解調書も、調停調書も、強制的に債務名義を取得するのではなく、あくまで当事者の意思が反映されたものであること、裁判所や調停委員という公的機関の面前での内容が記載されたものであること、などの点については同じです。

7

強制執行と執行文について知っておこう

債務名義を補充する手続的要件である

執行文の役割と種類と付与手続

強制執行するためには、債務名義だけでは足りず、執行文も必要となります。

債務名義が存在しても、当事者が変わっていたり、請求権に条件がついている場合があります。その場合、直ちに執行に適しているかどうかは必ずしも執行機関にはわかりません。そこで法律は、債務名義とは別の執行文というもう1つの要件を要求することにしました。

執行文の付与を受けるための証明は文書で行わなければなりません。執行文を必要とする場合と、そのための文書は以下のとおりです。

まず**承継執行文**は、相続や合併、債権譲渡等により、債務名義に記載された当事者（債権者と債務者）と執行当事者とが異なる場合に必要となります。執行文付与の申立手続きには以下の書類が必要です。

・相続については戸籍謄本
・合併については商業登記事項証明書
・債権譲渡については債権譲渡契約書など

次に、**条件成就執行文**は、債務名義の条項に、たとえば「令和○年○月○日までに契約を解除した場合は、債務者は債権者に対し○○円支払う」のように条件が付されている場合等に必要となります。上記のケースでは令和○年○月○日までに契約が解除されたことを証する書面を提出することになります。

なお、文書による証明ができないときは、執行分付与の訴えを提起して、文書以外の証拠によって証明しなければなりません。

執行文の付与手続について

　債務名義によって、執行文を付与する機関は異なります。以下で詳しく見ていきましょう。

・確定判決等を債務名義とする場合

　確定判決・仮執行宣言付判決・和解調書の場合、執行文は、その事件の記録を保管している裁判所の書記官が付与します。執行文の付与には、書面による申立てが必要です。申立先となる裁判所の書記官は、和解調書や、判決が確定した場合は、一審の裁判所の書記官になります。判決確定前で上訴された場合、記録が一、二審どちらにあるかで申立先となる裁判所書記官が異なりますので注意してください。

・執行証書を債務名義とする場合

　執行証書とは、債務名義となるための要件（債務者が強制執行を受諾する旨の記載があることなど）を満たした公正証書のことです。

　この場合、執行文の付与は、執行証書の原本を保持する公証人によって、その執行証書を作った公証役場で行われます。この場合も、書面による申立てが必要とされていますから、執行証書の正本と備え付けの申請書類を提出して行います。

　なお、代理人が行う場合は、委任状・本人の印鑑証明書・代理人の身分証明書が必要です。

執行文が不要な場合もある

　執行文は、原則として強制執行の要件となります。しかし、少額訴訟の判決（確定判決、仮執行宣言付判決）、仮執行宣言付支払督促（民事執行法25条ただし書、27ページ）については、これに表示された当事者間で強制執行する場合、執行文は不要です。また、慰謝料請求等を含まない家事調停調書正本についても執行文は必要ありません。これらの場合は、その裁判の正本と送達証明があれば、強制執行を行うことが可能です。

執行文には、①単純執行文、②承継執行文（民事執行法27条
2項）、③条件成就執行文（民事執行法27条1項）の3種類
があります。

① 単純執行文

債務名義の内容そのままの執行力を公証する執行文です。執行文が
付与されるためには、ⓐ債務名義が存在し、ⓑ強制執行になじむ請求
権が表示されていること、ⓒ債務名義の執行力がすでに発生し、存続
していること、を要します。

② 承継執行文

強制執行は、債務名義に表示された者以外の者を、債権者または債
務者として行うこともできます。この場合に必要になるのが承継執行
文です。たとえば、債務名義に表示された債権が債権譲渡された場合
や、相続の対象となって相続人に移転した場合、債務名義に表示され
た債権が債務名義に表示された人以外の人に移転していることになり
ます。このような場合に、再び債務名義を取得しなければならないと
すると、手続のムダが生じます。そこで、強制執行もこの移転に対応
できるように設計されており、これに対応するのが承継執行文です。
承継執行文の付与にあたっては、文書以外の証拠を利用することはで
きません。文書により証明ができない場合は執行文の付与が拒絶され
てしまいますから、注意が必要です。

③ 条件成就執行文

債務名義に表示された債権が、債権者が証明すべき一定の事実の到
来（条件）にかかっている場合があります。この場合、この事実の到
来（条件）の成否にかかわらず執行文が付与され、強制執行を許すこ
とになると、このような条件をつけた意味が失われてしまいます。

また、債務者からしてみると、条件が達成されていないにもかかわらず支払いを強制させられることになり不当だといえます。このような条件がつけられている権利について、その条件の成就の事実を債権者に文書によって証明させ、証明ができた場合に限り執行文が付与されます。この場合の執行文を条件成就執行文（民事執行法27条1項）といいます。条件成就執行文の付与にあたっての証明も前述した承継執行文の証明と同様、文書によって行います。文書による証明ができないときには執行文付与の訴えによらなければなりません。債権者が証明すべき事実（条件）には、以下のものがあります。

・**不確定期限**

　確実に到来するが、いつ到来するのかわからない期限のことです。たとえば、債務名義に記載された債権の支払いが、「Aが死亡したとき」とされているような場合です。

・**停止条件**

　一定の事実が成就するまで、法律行為の効力の発生を停止させる条件のことです。たとえば、「別荘を売却できたら、現在住んでいる家を明け渡す」ような場合です。

■ **執行文の種類** ･･･

単純執行文	債務名義の内容そのままに執行力を公証する執行文
承継執行文	債務名義に表示された者以外の者を債権者または債務者とする場合に要する執行文
条件成就執行文	債務名義に表示された債権が、債権者が証明すべき一定の事実の到来にかかっている場合に要する執行文

8

強制執行と送達証明の関係はどうなっているのか

執行を開始するには送達証明が必要になる

送達証明の役割とは

　強制執行を現実に執行機関が開始するためには、前述した債務名義と執行文だけでは足りません。さらに送達証明という書類が必要になります。まず、送達証明の役割について検討しましょう。

　強制執行の手続きは、債権者の申立てによって実施されますが、執行機関が執行を開始するには、債務名義を強制執行の開始に先立って、または同時に、債務者に送達しておかなければなりません（民事執行法29条）。

　執行を受ける立場にある債務者に、どのような債務名義に基づいて強制執行が開始されるのかあらかじめ知らせて、防御のチャンスを与えるためです。

　そして、防御のための重要な手続きである債務名義の送達がなされているかどうかを執行機関に認識させるため、送達証明という書類が必要になるのです。

　送達が必要なのは、債務名義（20ページ）の他、承継執行文（33ページ）や条件成就執行文（33ページ）の付与があった場合の執行文と執行文付与のために提出した書類などです。

　なお、民事執行法29条は、「確定により債務名義となるべき裁判の正本または謄本」と規定していますが、裁判の正本または謄本の送達は、執行に先行して、裁判所の職権で行われますので、確定後に改めて送達する必要はありません。

　ところで、送達は強制執行の開始と「あらかじめ、または同時にしなければならない」と説明しましたが、同時に送達ができる場合は限

られています。

　つまり、動産執行では、執行官が送達を実施する機関であり、かつ、執行機関でもあるので、執行開始と同時に執行官が執行の現場で送達することができます。これ以外の場合、たとえば債権執行や不動産執行の場合には、送達が執行裁判所の差押命令や開始決定の裁判の前提となりますので、あらかじめ送達しなければなりません。

　必要な事前の送達がないまま行われた執行の効力については、執行異議や執行抗告によって取り消されない限り有効であり、その後になされた送達により補完されると考える下級審（最高裁判所以外の裁判所）の裁判例があります。

▌送達機関や申請、送達方法

　ここからは、送達の手続的な話に移ります。送達機関、送達申請、送達の方法について順に検討していきます。

① **送達機関**

　送達は、債務者に防御のチャンスを与える重要な手続きですから送達も信頼できる機関によって行われることが必要になります。

　まず、執行証書以外の、判決、和解調書等の債務名義は、裁判所書記官が送達する権限をもっています。次に、執行証書は、その執行証書の原本を保管する公証人が送達する権限をもっています。

　実際は、郵便局員や執行官が債務名義を届けてくれますが、送達する権限をもつ裁判所書記官や公証人が、郵便局員や執行官に付託（委託）しているという形をとっているのであって、郵便局員や執行官に送達する権限があるわけではありません。

② **送達申請**

　債務名義の送達は、債権者の送達申請によって行われます。もっとも、判決書のように、場合によっては裁判所が職権で行うこともあります。

送達申請とは、「送達してください」と申し立てることです。送達は強制執行のための重要な手続きですから、送達申請を忘れないようにしましょう。

③　送達の方法

送達の方法（下図参照）は、いくつかありますが、その時々の状況に応じて、使い分けられます。

▌送達逃れの問題

このように債務名義が債務者に送達されることが強制執行開始の要件となると、問題になるのが送達妨害です。

送達をわざと逃れ、執行等の手続きを妨害するケースもあります。送達は、強制執行の場面ばかりでなく、判決を得るための訴訟手続の中でも重要な手続きと位置付けられていますから、送達をしないことには進行しません。強制執行が開始されるまでの時間を稼いだりするために送達を逃れようとするのです。

このような送達逃れを許さないように、直接交付できなかったとしても、書留郵便に付する送達や公示送達によって送達することができます。

■ 送達の方法 ……………………………………………………………

交付送達	債務名義を直接、債務者に交付する方法
書留郵便に付する送達	交付送達ができない場合に、送達すべき書類を債務者の住所地に書留郵便で発送した時点で送達があったものとみなす方法
公示送達	債務者の行方が不明で送達場所も不明のときに行われる。債務者が出頭すれば、いつでも送達すべき書類を交付する旨を、裁判所の掲示板に掲示することによって行われる
執行官送達	特別な場合に限定される。特別送達ができないときなどがこれにあたる

9

強制執行の対象としてどんな財産を選べばよいのか

対象となる財産によって効果はかなり異なる

財産によってそれぞれ特徴がある

　強制執行の対象はもちろん債務者の財産ですが、財産はそれぞれ異なった特徴をもっているので、それをよく理解した上で強制執行をしなければなりません。法律上は強制執行をかけることができても、債権を十分に回収することができない、つまり空振りしては何にもなりません。

　ここでは、財産別に強制執行の対象としての性質について述べてみます。

不動産を選ぶメリット

　不動産の長所は、何といっても資産価値が高いことです。しかし、その反面、不動産には、あらかじめ抵当権・根抵当権・仮登記担保といった担保権が、設定されていることが多いです。設定済みの担保権の被担保債権額を上回る価値が不動産にあればよいのですが、多くの場合、担保権のない一般債権にまで配当が回らないのが現状です。

　また、国税の滞納がある場合には、他の債権に優先して配当されることにも注意してください。

　債務の弁済が遅れぎみの債務者は、担保権を設定していることがほとんどなので、強制執行の手続きに入る前に、法務局まで行って登記を閲覧し、権利関係を把握しておくことは不可欠です。

動産を選ぶメリット

　動産については、家屋の内部にあることが多く、実際に執行してみ

なければわからないこともあります。貴金属といってもそのまま換価できるものはなかなかありませんし、家財道具も実際には、価値のないものがほとんどです。手形や株券といった有価証券であればそのまま換金しやすいので、対象としてはかなり有効です。

　通常であれば、自動車を差し押さえたいところですが、債務者がどこに保管しているのか不明な場合も多く難しいところです。

　また、分割払いで購入している場合には、ディーラーが所有権留保（代金を全額支払うまでディーラーに所有権があること）しているため、差し押さえて換価（換金）することはできません。

　債務者が事業者で倉庫に動産をまとめて保有していない限りは、動産での債権回収はなかなか難しいといえるでしょう。

▌債権を選ぶメリット

　強制執行の対象となる財産としての債権とは、債務者が第三者に対してもっている債権のことです。ここでは、説明の便宜上、強制執行をしようとしている債権者をＸ、その債務者をＹ、Ｙがもっている債権の債務者（第三債務者）をＺと呼ぶこととします。

　債権に対する強制執行では、ＹがもっているＺに対する債権を差押えることになります。差押えがなされると、ＹはＺに対して債権を取

■ 差押えの対象となる主な債権 ……………………………………

種　類	第三債務者
給与債権	雇用主
預金債権	銀行
賃料債権	土地などの借主
売掛金債権	取引先の会社
解約返戻金	保険会社

り立てたり、別のだれかに対して債権を譲渡することは許されなくなります。また、ZもYに対して弁済することは許されなくなります。差押えの対象となる債権は、給与債権、預金債権、賃料債権であることが多いです。その場合、Zは雇用主、銀行、土地や家屋の借主ということになります。

　給与債権については、Yの勤務先をあらかじめ確実に把握しておくことが大切です。ただ、労働者の生活や所得税の天引きなどがあるため、給与の全額を受領することはできません。債務者の預金先については、調べておくことは難しいのですが、貸し出す際にそれとなく聞いておくとよいでしょう。最後の賃料債権については、借主を把握できれば定期的に確実な回収を図ることができます。

　また、債務者Yが事業者である場合には、売掛金債権などを差し押さえます。取引先Zがどこになるのかを調べておきましょう。

　他には、生命保険や損害保険の返戻金を差し押さえる方法があります。これも事前に調べておくことは難しいのですが、最初の貸し出しの際などに、信用調査として債務者の税務申告書の写しを提出させると、そこに記載されています。

┃その他の財産について

　その他の財産としては、ゴルフ会員権や知的財産権などがあります。どちらも、強制執行の対象として換金するのは難しいようです。

　たとえば、ゴルフ会員権は、会員資格について、カントリークラブで資格審査が行われることがあるので、そのまま売却してすぐに換金することができないケースがあります。また、知的財産は、共有状態にあると、その処分には他の共有者の同意が必要になります。

　そのため、差し押さえる場合には、換金回収の容易性について事前によく検討した方がよいでしょう。

10 債務者の財産を調査する

第三者からの情報取得制度が新設されて実効性が高くなった

十分な調査が不可欠である

　債務者がどのような財産をどこに保有しているのかを事前に調査しておくことは、強制執行にあたっては不可欠な要素です。貸金や売買の契約を締結する際に、それとなく債務者の財産状態を聞き取っておくことも大切です。対象となる財産によって、調査の方法はもちろん、調査すべき力点も異なってきます。

不動産の調査をする

　不動産の特徴は何といっても、登記によって世間一般に対して財産状態が公示されていることです。登記とは、不動産の情報を法務局にある登記簿という公簿に記録することをいいます。

　登記は不動産の権利関係を公示するものです。そのため、登記簿はだれでも見ることができるようになっています。登記簿を見れば、不動産の所有者や、その不動産に設定されている抵当権がわかります。つまり、不動産は隠すこともできませんし、不動産をめぐる他の法律関係も把握することができるので、他の強制執行の対象とは異なって比較的調査はしやすいといえるでしょう。

債権の調査をする

　債権は、第三債務者（債務者が有する債権の債務者）が確実な資産を保有している限り、強制執行の対象としては有効なものとなります。債務者が会社員や公務員である場合の勤務先、預金者である場合の銀行・信用金庫、事業者である場合の経営状態の良好な取引先は、確実

に債権を回収するための相手となります。

財産開示手続きとは何か

　金融機関が金銭の貸付けを行う場合にはほとんどの場合抵当権などの担保権を設定します。このように、最初から相手の財産がはっきりしていて、担保権を確保していればよいのですが、そうでない場合には、実際のところ債権の回収が困難になるケースも多々あります。せっかく苦労して裁判に勝つなどしても、相手の財産の有無・所在などがはっきりしていないと意味がありません。そこで、民事執行法は債務者の財産を開示させる制度として**財産開示手続**を置いています。

　令和元年５月に民事執行法の一部が改正され、実効性のある手続きになりました。具体的には、第三者から債務者の財産に関する情報を取得できる制度の新設、申立権者の範囲の拡大や罰則の強化がなされ、令和２年４月から施行されています。

第三者からの情報取得制度

　債権者が執行裁判所に申立てをすれば、執行裁判所は銀行や証券会社などの金融機関や登記所（法務局）、市町村や日本年金機構等に対し情報の提供を命ずることができます。

　これにより、金融機関は債務者名義の預貯金債権や上場株式、国債等に関する情報を、登記所は債務者が登記名義人となる土地や建物に関する情報を、市町村や日本年金機構は給与債権（勤務先）に関する情報を、回答する必要があります。

申立権者について

　財産開示手続きの申立権者は、執行力のある債務名義の正本を有する金銭債権の債権者と、債務者の財産について一般の先取特権（法律の定めによって発生する特殊な担保権）を有することを証する文書を

提出した債権者です。

　なお、給与債権に関する情報については、養育費・扶養義務等に関する債権や生命・身体侵害による損害賠償請求権を有する債権者のみが申立てをすることができます。

　改正前に比べて、申立権者の範囲を拡大し、債務名義が仮執行宣言付判決や公正証書の場合でも利用が可能になっています。

　また、債務者が虚偽の陳述をした場合や出頭を拒んだ場合の制裁が、改正前は30万円以下の過料でしたが、改正後は6か月以下の懲役または50万円以下の罰金という刑事罰に引き上げられ、手続きの実効性の向上が図られています。

▎財産開示手続きの流れはどうなっている

　申立先は、原則として債務者の住所地を管轄する地方裁判所です。過去3年以内に、債務者について財産開示手続きが実施されている場合には手続きができません。ただし、債務者が一部の財産を開示していなかった、新しい財産を取得した、債務者と使用者との雇用関係が終了した、といった事情がある場合には、例外的に財産開示手続きが実施されます。

■ 財産開示手続きの流れ ……………………………………

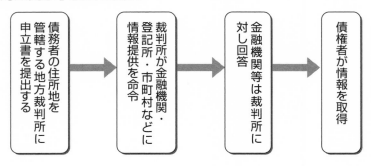

申立ては、申立書に申立てができる債権者であることや申立て理由、証拠などを記載して提出します。申立てを受けた裁判所は、財産開示手続開始を決定し、債務者を呼び出します。

　呼び出しを受けた債務者は事前に財産目録を作成・提出した上で、期日に裁判所に出頭します。出頭した債務者は、自分の財産について陳述し、これに対して債権者は裁判所の許可を得て質問をすることができます。

　なお、第三者からの情報取得手続きを申し立てる場合は、債務者の住所地（住所地がない場合には情報提供を命ぜられる者の所在地）を管轄する地方裁判所へ申し立てることになります。申立てを受けた裁判所は申立てを認める決定をすると、金融機関や登記所、市町村や年金機構等に対し債務者の財産に関する情報の提出を命じます。命令を受けた金融機関等は必要事項を裁判所へ書面で回答し、裁判所から申立人に書面の写しが送付されることになります。取得情報を目的外で利用した場合は罰則が科せられます。

財 産 開 示 手 続 申 立 書

○○地方裁判所 御中

　　令和 1 年 11 月 7 日

　　　申立人　島田　太郎　　　　　　　　　㊞

　　　　　　　　電　話03－XXXX－XXXX
　　　　　　　　ＦＡＸ03－XXXX－XXXX

　　　　　当事者　　別紙目録記載のとおり(略)
　　　　　請求債権　別紙目録記載のとおり(略)

　申立人は,債務者に対し,別紙請求債権目録記載の執行力のある債務名義の正本に記載された請求債権を有しているが,債務者がその支払をせず,下記の要件に該当するので,債務者について財産開示手続の実施を求める。

記

1　民事執行法197条1項の要件
　　　　☐　強制執行又は担保権の実行における配当等の手続(本件申立ての日より6月以上前に終了したものを除く。)において,金銭債権の完全な弁済を得ることができなかった(1号)。
　　　　☑　知れている財産に対する強制執行を実施しても,金銭債権の完全な弁済を得られない(2号)。
2　民事執行法197条3項の要件
　　債務者が,本件申立ての日前 3 年以内に財産開示期日においてその財産について陳述したことを
　　　　☑　知らない。
　　　　☐　知っている。
　　　　(「知っている」にチェックした場合は,次のいずれかにチェックする。)
　　　　　　☐　債務者が当該財産開示期日において,一部の財産を開示しなかった(1号)。
　　　　　　☐　債務者が当該財産開示期日の後に新たに財産を取得した(2号)。
　　　　　　　　(取得した財産　　　　　　　　　　　　　　　　　　　　)
　　　　　　☐　当該財産開示期日の後に債務者と使用者との雇用関係が終了した(3号)。

（添付書類）

☑ 執行力のある債務名義の正本 　　　1 通
☑ 同送達証明書 　　　　　　　　　　1 通
☑ 判決確定証明書 　　　　　　　　　1 通
☐ 資格証明書 　　　　　　　　　　　 通
☐ 住民票 　　　　　　　　　　　　　 通
☐ 　　　　　　　　　　　通
☐ 　　　　　　　　　　　通

（証拠書類）

1 民事執行法197条1項1号の要件立証資料
　　☐ 配当表謄本 　　　　　　　　甲第 　　号証
　　☐ 弁済金交付計算書謄本 　　　甲第 　　号証
　　☐ 不動産競売開始決定正本 　　甲第 　　号証
　　☐ 債権差押命令正本 　　　　　甲第 　　号証
　　☐ 配当期日呼出状 　　　　　　甲第 　　号証
　　☐ 　　　　　　　　　　　　　甲第 　　号証
　　☐ 　　　　　　　　　　　　　甲第 　　号証

2 民事執行法197条1項2号の要件立証資料
　　☑ 財産調査結果報告書 　　　　甲第 　1　号証
　　☑ 不動産登記事項証明書 　　　甲第 　2　号証
　　☐ 　　　　　　　　　　　　　甲第 　　号証
　　☐ 　　　　　　　　　　　　　甲第 　　号証

3 民事執行法197条3項の要件立証資料
　　☐ 財産開示期日調書謄本 　　　甲第 　　号証
　　☐ 財産調査結果報告書 　　　　甲第 　　号証
　　☐ 退職証明書 　　　　　　　　甲第 　　号証
　　☐ 　　　　　　　　　　　　　甲第 　　号証
　　☐ 　　　　　　　　　　　　　甲第 　　号証

Q 登記簿で不動産を調査する場合にはどうしたらよいのでしょうか。

A 登記の内容は登記所で登記事項証明書や登記事項要約書の交付を受けることで確認することができます。登記事項要約書はその登記所が管轄する不動産の情報しか受け取ることができませんが、登記事項証明書であればその登記所の管轄外の不動産の情報を受け取ることも可能です。

不動産登記は大きく表題部・権利部（甲区）・権利部（乙区）3つの区分があります。表題部では、その不動産が物理的にどのような状態のものであるのかが表示されています。建物の場合には、床面積や階数などが記載されています。甲区には所有権に関する事項が記載されています。本当に債務者が所有者であるのかを、甲区を閲覧することによって確認しておきます。まれに、相続があったにもかかわらず名義が死亡した被相続人のままになっているケースがあるので、十分に注意してください。一方、乙区には、その不動産をめぐる所有権以外の権利関係が登記されています。抵当権などの担保権、賃借権などの用益権が設定されているのかは、ここでチェックします。賃借権・地上権・地役権（自分の土地をより有効に利用するために、他人の土地を使用する権利）などの用益権（他人の土地を使用する権利）が設定されていると、競売の際、用益権の負担分が割り引かれて換価されることになります。

なお、賃借権は、登記簿に現れていなくても（現れていないことの方が一般的です）、土地の上に借地権者名義の登記された建物があったり、建物賃借権の場合に建物が引き渡されていたりすると、賃借権は強制執行後でも保護されることになっています。ですから、登記簿を調べるだけで安心せずに、必ず現地検分をしておくようにしましょう。

●共同抵当の場合

　共同抵当とは、同じ債権を担保するために複数の不動産（たとえば、土地とその土地上の建物）に抵当権を設定することです。一つの不動産の価額が下がっても残りの不動産でてん補（埋め合わせ）できるなどメリットが多く、実務上よく活用されている制度です。自分が強制執行をかけようとしている不動産に抵当権が設定されていることが判明したら、それが共同抵当であるかどうかは必ず調査しておきます。

　共同抵当については、法務局の共同担保目録（共同担保となっている抵当権を表示した書面のこと）で調べることができます。

■ 表題部・甲区・乙区サンプル ……………………………………

表　題　部 (土地の表示)		調製	余 白	不動産番号	0000000000000
地図番号	余 白	筆界特定	余 白		
所　在	新宿区○○町一丁目			余 白	

①地　番	②地　目	③地　積　m²	原因及びその日付〔登記の日付〕
1番12	宅　地	100:00	○○ 〔平成○○年○月○日〕

所 有 者	○○区○○町○丁目○番○号　　○○○○

権　利　部 (甲 区) (所有権に関する事項)			
順位番号	登 記 の 目 的	受付年月日・受付番号	権 利 者 そ の 他 の 事 項
1	所有権保存	平成○○年○月○日 第○○○号	所有者　　○○区○○町○丁目○番○ 　　　　　○○○○
2	所有権移転	令和○年○月○日 第○○○号	原因　令和○年○月○日売買 所有者　　○○区○○町○丁目○番○ 　　　　　○○○○

権　利　部 (乙 区) (所有権以外の権利に関する事項)			
順位番号	登 記 の 目 的	受付年月日・受付番号	権 利 者 そ の 他 の 事 項
1	抵当権設定	令和○年○月○日 第○○○号	原因　令和○年○月○日 金銭消費貸借同日設定 債権額　金○○○万円 利息　　年○% 損害金　年○% 債務者　　○○区○○町○丁目○番○号 　　　　　○○○○ 抵当権者　○○区○○町○丁目○番○号 　　　　　株式会社○○銀行(○○支店)

第 2 章

不動産に対する強制執行

1 不動産執行をするにはどうしたらよいのか

不動産という財産の特徴をよくとらえておく

■ 不動産執行の特徴とは

　不動産執行については、「競売」という言葉が広く知られているように、普段から強制執行とは関わりのない人でも、馴染みのある手続きであるといえます。

　ただ、不動産執行は不動産の特徴がよく現れる強制執行であり、その長所と短所をよく理解しておくことが大切です。

■ 不動産執行の長所

　不動産執行のもっている長所は、一言で言って、債権回収の確実性が高いということです。債権回収の確実性が高いということは、以下の2点から裏付けることができます。

・財産価値が高い

　不動産執行の長所は、何と言っても、強制執行の対象となる財産の価値が高いということです。財産の価値が高いということは、競売して現金に変えたときにそれだけ多額の現金に換価され、ひいては、債権をできるだけ多く回収できる確率が高くなるということです。

　日本の不動産は現在でも他の財産に比べると高い値段で取引されています。競売にあたっては、通常の市場価格よりも安くなるとはいえ、やはり、それなりの価格がつけられ、取引されています。債務者や保証人が不動産を所有している場合には、その不動産に狙いを定めるのが強制執行の常道です。

・隠しにくい

　不動産執行の長所としては、隠しにくい財産ということが挙げられます。

動産はどこかに隠したり、他人に一時預かってもらうことができます。債権は、目に見えずハッキリと姿かたちがあるわけではありません。これに対して、不動産は、読んで字のごとく、「動かざる財産」です。大地震や水没でもない限り、所在に変動は生じません。

　さらに、不動産については登記制度が採用されているので、法務局（登記所）に行けば、その不動産の物理的状態から権利関係に至るまで、だれでも調査することができます。公示されているので、なかなか隠すことはできないのです。

　このように、容易に隠すことができないため、債権者としては、強制執行の狙いがつけやすくなるわけです。

不動産執行の短所

　不動産執行には大きな長所がありますが、この長所があるがゆえの短所も否定できません。

・担保権設定の対象となり得る

　不動産は高額なため、債権回収の確実性が高くなると説明しました。しかし、このことは、他の債権者にも言えることです。そのため、債権が発生する際に、抵当権などの担保権を不動産に設定しておいて、債権の確実な回収を図ろうとする者がいることは、むしろ当然のことです。

■ 不動産執行のメリット・デメリット ……………………………

メリット	財産価値が高い	債権回収の確率が高くなる
	隠しにくい	所在に変動がなく、登記制度によって公示されている
デメリット	担保権設定の対象となる	他の債権者によって抵当権などの担保権を設けられる
	手続きが面倒	慎重な手続きが行われるため、時間がかかる

もともと担保権の設定を受けていない一般債権者が、不動産に対して強制執行をかける場合に、すでに担保権が設定され、登記されていれば、その者に優先されざるを得ません。仮に不動産が5000万円で競売されたとしても、4000万円の債権を担保する抵当権が設定されていたら、残りの1000万円からしか債権を回収することはできないのです。

・手続きが面倒である

　不動産執行は、対象となる財産の価値が高いだけに、より慎重な手続きが要求されます。そのため、不動産執行にあたっては、手続きに時間や費用がかかることは否めません。執行を裁判所に申し立ててから最終的に配当が完了するまで、それなりの時間・費用は覚悟しておくべきでしょう。

不動産執行の対象とは

　不動産執行の対象は、もちろん不動産です。厳密には、地上権（建物や竹木を所有するために他人の土地を使用する権利）や永小作権も不動産執行の対象となります。しかし、これらの権利が設定されているケースはあまりないので、とりあえずは、通常の土地と建物を、執行の対象としてイメージしておくとよいでしょう。

　土地や建物が単独所有にかかる場合だけではなく、共有状態にある場合でも、その共有持分に対して強制執行をかけることは可能です。

　たとえば、AとBでリゾートマンションを共有している場合に、Aの持分に対して執行するケースや、Xが死亡して、その所有する土地を2人の相続人Y、Zが相続している場合に、Yの持分に対して執行するケースなどです。

　なお、不動産は登記されると書きましたが、登記していない不動産についても強制執行をかけることはできます。

2 不動産競売手続はどのように行われるのか

申立ての後は裁判所が手続きを進めていく

▊ 不動産競売手続の順序について

　不動産はその財産的価値が非常に高く、しかも、利害関係人が多数存在している可能性があります。そのため、不動産を対象とする強制執行（強制競売）では、慎重を期した手続きが予定されています。手続きの詳細については、後述しますが、概略は以下のようになっています。なお、本章では、不動産を対象とする強制執行のことを担保権の実行としての競売（130ページ）と区別するために、強制競売と呼んでいます。

① 申立てから始まる

　競売は、債権者が管轄の裁判所に対して、申立てをすることから始まります。申立ては、申立書を提出して行うことになっています。

　裁判所は申立書を審査して、問題がなければ**競売開始決定**をします。開始決定の正本は債務者に送達されるので、それによって債務者は手続きが始まったことを知ることができます。

② 現状を凍結する

　競売開始決定がなされると、対象となっている不動産には「差押え」が行われます。不動産をめぐる法律関係が変動すると手続きが円滑に進められませんし、債務者が債権者の先手を打って不動産を売却して現金化してしまうおそれがあります。

　そこで、差押えを行って、その不動産に関する処分を一切禁止するのです。このように現状を凍結しておいてから競売手続に入っていくわけです。

　具体的には、裁判所から法務局（登記所）に対して、差押登記が嘱

託（依頼）されます。

③ 調査をする

　現状が凍結されると、裁判所は競売に必要な情報の収集を始めます。情報とは、当該不動産をめぐってどのような債権が存在するのかということと、不動産自体にどれだけの価値があるかということです。裁判所は、登記されている抵当権者や仮登記権利者などに対して、期間内に債権の届出をするように催告します。届出によって、申立人の債権以外に、どれだけの債務を不動産が負担しているのか判明します。

　さらに、裁判所は、執行官に対して現況調査命令を発し、不動産の占有状態などを調査させ、評価人に対して評価命令を発し、不動産の評価額を鑑定させます。この結果、現況調査報告書と評価書が作成され、裁判所に提出されます。

④ 競売をする

　裁判所は提出された現況調査報告書と評価書を基に、不動産の売却基準価額を決定します。そして、売却期日（期間）も決定し、それらの情報を物件明細書として、だれもが閲覧できる状態にします。これを閲覧して競売に参加することができるのです。競売の方法としては、競り売り方式と入札方式がありますが、現在では、ほとんどが期間内での入札方式が採用されています。競落人が決定し、その者が代金を納付したら所有権移転登記をします。

⑤ 配当をする

　不動産の代金が納付されると、いよいよ配当段階に入ります。裁判所は配当期日を指定し、申立人や届け出た債権者たちに対して、配当期日に配当を行うことを通知します。

　納付された不動産の代金ですべての債権を満たすことができない場合には、それぞれの債権者に対する配当額は、担保権の優先順位や債権額に応じて決定されます。

■ 競売手続きの流れ ···

競　売　の　申　立　て	・債権者が管轄の裁判所に申立て
競　売　開　始　決　定	・裁判所による審査
登　記　の　嘱　託	・裁判所から法務局に対して、 差押登記の嘱託
現況調査命令・評価命令	・裁判所から執行官と評価人に 不動産の調査・評価が命じられる
債　権　届　出　の　催　告 配当要求終期の定め・公告	・配当要求の終期を公告し、 債権者などに債権の届出を 催告する
売却基準価額の決定	・評価人の評価によって、 売却基準価額の決定がなされる
物件明細書作成・備置き	・不動産の表示などが記載される
売却日時などの公告	・不動産の表示、売却基準価額、 売却の日時、場所を公告
売　　　　　　　　却	・入札または競り売り
売　　却　　決　　定	・売却の許可または不許可が 言い渡される
代　　金　　納　　付	・裁判所書記官が定める期限までに 買受人は代金を納付する ・買受人は代金を納付したときに 不動産を取得する
登　記　の　嘱　託	・裁判所から法務局に対して買受人への 所有権移転登記などが嘱託される
配　当　期　日　の　指　定	・裁判所により配当期日または弁済金の 交付の日が決められる
配　当　手　続　き	・配当の実施

3

不動産競売はどのように申し立てるのか

用意すべき書類はいくつもある

申立ては書面でする

　不動産の強制執行（強制競売）は、債権者の申立てによって始まります。この申立てを**不動産強制競売申立て**といいます。債務名義があるからといって、申立てもないのに裁判所が自動的に動いてくれるわけではありません。

　申立ては、不動産競売申立書を通じて行うことになっています。口頭ではありません。もちろん、申立書だけではなく、他に各種の必要書類を添付しなければなりません。ここでは、必要書類について、説明していきましょう。

執行力のある債務名義の正本

　強制競売にあたっては債務名義が必要であることは、別の項目で説明したとおりです。具体的には、確定判決、執行証書の正本などです。ただ、それだけでは強制競売を始めることはできません。債務名義の内容をそのまま強制的に実現できるという執行力がなければなりません。つまり、執行文が付与されていることが要求されるのです。

送達証明書を発行してもらう

　どのような債務名義が存在し、それによって不利益を受けるのかを、債務者が知っていなければ防御ができません。そのため、債務名義を、債務者に送達することになっています。債権者は、債務名義が債務者に対して送達されていることを証明する書面（送達証明書）を、強制競売の申立てにあたって添付して提出しなければなりません。通常の

訴訟手続によって判決が下され、それが確定すると、裁判所からそのまま職権で判決正本が送達されています。

しかし、それ以外に、当事者の申請によって債務名義が送達されるケースもあります。強制競売を申し立てるのであれば、送達機関に対して送達を証明する書面を発行してもらえるように、送達証明申請書（59ページ）を提出しておきましょう。

▌登記事項証明書を取得する

強制競売は強制的に不動産を処分してしまうものなので、その不動産をめぐる所有権その他の権利関係は、裁判所によって正確に把握されなければなりません。不動産をめぐる権利関係を公示しているのが、不動産登記です。強制競売を申し立てるには、当該不動産に関する登記事項証明書を取得し、添付して提出することになっています。裁判所はこれを参照して、抵当権者などの他の権利者についても知ることができるわけです。

なお、土地と建物のいずれか一方に対してのみ強制競売を行う場合であっても、土地と建物の双方について、登記事項証明書を用意しておきます。競売後でも建物を維持するために法定地上権（契約をしなくても、法律によって地上権が成立すること）が成立したり、土地賃

■ 申立てに必要な書類 ……………………………………………………

執行力のある 債務名義の正本	確定判決・執行証書など（執行文の付与を受けたもの）
送達証明書	債務名義が債務者に送達されたことを証明する書面
登記事項証明書	不動産の権利関係を公示するもの
資格証明書	債権者または債務者が法人である場合に要する
公課証明書	不動産にかけられている税金を示す

借権の存在により土地の競売価格もかなり安くなるなど、土地と建物は相互に影響を及ぼしあうからです。

資格証明書を用意する

　債権者または債務者が会社などの法人である場合には、法人をだれが代表するかを証明する必要があります。そのため、債権者・債務者のいずれかが法人である場合には、代表者の資格を証明する書面を提出します。具体的には、代表者事項証明書（60ページ）または商業登記事項証明書を用意します。

公課証明書を提出する

　競売にかけられている不動産を買い取ろうとする者にとっては、固定資産税、都市計画税といった税金がその不動産にどれだけかけられるのかは重要な関心事です。そのため、申立てに際して、当該不動産にどれだけの税金がかけられているのかを示す、公課証明書も提出することになります。

　公課証明書は、不動産所在地を管轄する市町村役場（東京都23区内なら都税事務所）で発行されます。公課証明書は、原則として、その不動産の所有者にのみ発行されることになっていますが、競売の申立人であれば例外的に発行してもらうことができます。不動産競売申立書を作成した後にコピーを取っておき、それを市町村役場に提出して、競売申立てに必要であることを示しつつ、公課証明書の発行を申請します。

収入印紙
150 円
(消印しない)

事件番号	令和　　年（　　　　）第　　　　　　　　　　　　　事件

送　達　証　明　申　請　書

当事者の表示	□原　告 ☑債権者 □申立人　　　川口　　三郎 □被　告 ☑債務者 □相手方　　　吉田　　広
書類の表示 （番号を○で囲む）	① 判　　　　　　　決 2　和　解　調　書 3　第　　　回 口頭弁論調書 　　（□判決・□少額訴訟判決・□和解・□その他（　　　　　　）） 4　和解に代わる決定 5　調　停　調　書 6　調 停 に 代 わ る 決 定 7　その他（　　　　　　　　　　　　）

　上記当事者間の頭書事件につき上記書類の正本は、　　　　　　　　　　に

対して平成　　　年　　　　月　　　　日に送達されたことを証明願います。

令和　1　年　6　月　21　日

　　　　　　　　　申請人住所　　東京都世田谷区駒沢公園2番

　　　　　　　　　申請人　　　川口　　三郎

　　　　　地方裁判所　　　御中

	貼用印紙 150 円	係印	受付印

※　上の太い黒枠内について記入してください。
※　項目を選択する場合には、□欄に「レ」を付してください。

代 表 者 事 項 証 明 書

会社法人等番号　０１１６－０１－００××××

商　　　号　　株式会社　永松商事

本　　　店　　東京都練馬区南大泉〇丁目〇番〇号

代表者の資格、氏名及び住所

東京都練馬区東大泉〇丁目〇番〇号
代表取締役　　永松　慶太郎

以　下　余　白

これは上記の者の代表権に関して登記簿に記録されている現に効力を有する事項の全部であることを証明した書面である。

令和 〇 年 2 月 1 日

東京法務局練馬出張所
登記官　　　　　　　　　　　　法　務　太　郎　　印

整理番号　ホ６７６０８６

4

申立書の記載上注意する点はどんなことなのか

当事者、債務名義、不動産などを正確に記載する

書類のサイズはＡ４判

　強制競売を申し立てるには、まず、不動産強制競売申立書（63ページ）を作成します。サイズはＡ４判を使用します。裁判所もこの標準を採用しており、申立書はＡ４判のサイズで作成しましょう。

　申立書にどのような事項を記載するのかについては、民事執行規則21条が根拠条文となりますが、以下の各項目を記載することになります。

①　当事者の表示

　まず、申立書によって申し立てる強制競売の当事者がだれとだれであるのかを記載します。

　強制競売手続では、強制競売を申し立てる当事者を「債権者」、強制競売をかけられる当事者を「債務者」と呼んでいます。申立書に、この債権者、債務者を正確に記載します。当事者が法人である場合には、「株式会社○○」「□□合名会社」などと正式名称を記載します。

　強制競売についても通常の訴訟手続と同様に、弁護士などを代理人に立てて申し立てることはできます。その際、代理人の氏名も、申立書に記載します。

②　債務名義

　強制競売に必要不可欠なのが債務名義です。申立書にも、当然のことながら、債務名義を記載します。根拠となる債務名義がどのようなものか、債務額はいくらになるのか、といったことを正確に記載します。

③　目的とする財産

　強制競売では、執行の対象となる不動産を定める必要があります。債務者所有の不動産を特定して、申立書に記載します。事前に取得し

てある登記事項証明書を参考に、他の土地・建物と区別ができるように、明確に記載しましょう。

④　求める強制執行の方法

　申立書には、求める強制執行の方法も記載します。強制競売の場合、強制競売の開始を求める旨を表示することになります。

⑤　一部執行を求める場合

　債権者が債務者から弁済を受けるときに、債権全額ではなく、債権の一部だけを取り立てるケースがあります。強制競売の場合でもこの理屈は通用し、債務名義のある債権の一部についてのみ、強制競売を申し立てることは許されています。

　その場合には、申立書に、一部執行を希望する旨と、その一部がいくらになるのかを記載します。

裁判所の発表した基本申立例

　以上のような事項を申立書に記載していくことになっていますが、裁判所が申立人の便宜を図って、基本的な申立書の例を発表しています。この基本申立例は、下記のように構成されています。つまり、ⓐ申立書、ⓑ当事者目録、ⓒ請求債権目録、ⓓ物件目録です。

■ 申立書の記載事項 ……………………………………………………

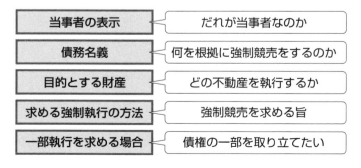

当事者の表示	だれが当事者なのか
債務名義	何を根拠に強制競売をするのか
目的とする財産	どの不動産を執行するか
求める強制執行の方法	強制競売を求める旨
一部執行を求める場合	債権の一部を取り立てたい

強制競売申立書

東京地方裁判所民事第２１部御中
　　　　　　令和１年７月３日
　　　　　　　　　債　権　者　　村田商事株式会社
　　　　　　　　　代表者代表取締役　村田一郎　㊞
　　　　　　　　　電　話　　０３－ＸＸＸＸ－ＸＸＸＸ
　　　　　　　　　ＦＡＸ　　０３－ＸＸＸＸ－ＸＸＸＸ

　　　　　当　事　者　　　　　別紙当事者目録のとおり
　　　　　請　求　債　権　　　別紙請求債権目録のとおり
　　　　　目　的　不　動　産　別紙物件目録のとおり
　債権者は，債務者に対し，別紙請求債権目録記載の債務名義に表示された
上記債権を有するが，債務者がその弁済をしないので，債務者所有の上記不
動産に対する強制競売の手続の開始を求める。

添付書類

1	執行力ある判決正本	1 通
2	送達証明書	1 通
3	不動産登記事項証明書	2 通
4	資格証明書	1 通
5	住民票	1 通
6	売却に関する意見書	1 通
7	公課証明書	2 通
8	不動産登記法１４条の地図の写し	2 通

※申立書と各目録との間に契印し，各ページの上部欄外に捨印を押す。

<pre>
              当 事 者 目 録

〒104-0061   東京都中央区銀座9丁目3番4号
              申立債権者   村田商事株式会社
                          代表者代表取締役　村田一郎

〒104-0061   東京都中央区銀座10丁目2番1号
              債　務　者　北 川 太 郎
</pre>

<pre>
              請 求 債 権 目 録

　債権者債務者間の東京地方裁判所令和1年（ワ）第○○号○○○請求
事件の執行力ある判決正本に表示された下記金員

                          記
（1）元　　金　　　　金10,000,000円　ただし貸付残元金
（2）損害金
　　　ただし（1）の金員に対する平成30年3月10日から完済に至る
まで，年6パーセントの割合による遅延損害金
</pre>

<pre>
              物 件 目 録

1　所　　在　　東京都中央区銀座10丁目
　　地　　番　　2番1
　　地　　目　　宅地
　　地　　積　　80.21平方メートル

2　所　　在　　東京都中央区銀座10丁目2番地1
　　家屋番号　　2番1
　　種　　類　　居宅
　　構　　造　　木造瓦葺平家建
　　床面積　　　53.78平方メートル
</pre>

5

申立書本文の記載をする

記載すべき事項は定型的になっている

■ 書くべきことを漏らさないように気をつける

申立書（63ページ）の本文は、申し立てようとしている強制競売について必要な情報を集約してあって、強制競売の概要について一見して理解できるようになっています。

記載例を参考にして、漏れのないように申立書本文を作成してみてください。各項目では、以下の点について注意しておいてください。

① 表題部分

申立書本文の表題は、申立てを希望する強制執行を端的に表記します。ここでは、「不動産強制競売申立書」または「強制競売申立書」と記載します。

② 宛先部分

表題部分の下には、宛先を記載します。つまり、強制競売を申し立てる管轄裁判所名を記載します。「○○地方裁判所 御中」もしくは「□□地方裁判所△△支部 御中」といったようになります。

なお、東京地方裁判所には、執行関係専門の部署として民事第21部が設置されているので、「東京地方裁判所民事第21部 御中」と記載します。

③ 年月日部分

年月日は、「令和○年○月○日」と記載しますが、申立書を作成する日ではなく、裁判所に提出する日を記載します。

④ 作成名義人の記名・押印部分

作成名義人として、申立てを行う債権者名を記載します。

会社などの法人の場合には、「株式会社○○商事 代表者代表取締役

○○○○ ㊞」などと記載し、電話番号・ファックス番号も記載します。法人名は通称などを使用せず、商業登記簿に登記されているとおりの名称を記載します。代表者は、添付する商業登記事項証明書や資格証明書などの表記と一致するように注意してください。

　また、代理人によって申立てをする場合には、代理人の氏名に押印、そして、電話番号とファックス番号を記載します。

⑤　**当事者・請求債権・目的不動産**

　当事者、請求債権、目的不動産については、記載すべき内容が多岐にわたるため、添付する別紙目録に記載します。そのため、「別紙目録のとおり」と記載します。

⑥　**申立ての趣旨の部分**

　続いて申立ての趣旨、つまり債務名義に基づいて強制競売を求める旨を記載します。

　具体的には、「債権者は、債務者に対し、別紙請求債権目録記載の債務名義に表示された上記債権を有するが、債務者がその弁済をしないので、債務者所有の上記不動産に対する強制競売の手続の開始を求める」と記載することになります。

⑦　**添付書類の表示の部分**

　申立書本文の最後には、申立書に添付して提出する書類を列挙して表示します。実際に添付、提出する書類と一致するように、十分に気をつけてください。

6 当事者目録を記載する

細かい部分までも正確に記載しておく

■ 基本的な記載方法はどうなっているのか

　当事者目録（64ページ）には、債権者と債務者双方の記載をしますが、個人である場合と法人である場合とで、基本的な記載方法は異なります。

① 個人である場合

　債権者または債務者が個人である場合には、住所と氏名の記載によって、その人物を特定します。

　住所については、住民票と同一の表記になるように十分注意してください。また、アパート、マンション名も正確に記入します。送達上の便宜のために、郵便番号も記載しておきましょう。住所と送達先が別になる場合には、送達場所として、その場所を併記することになります。

　なお、債務名義が成立後に、結婚または離婚などによって氏が変更していたら、かっこ書きにより、旧氏名も併記しておきます。同様に、引越しによって住所が変更されている場合にも、現住所の表示とともに、旧住所を併記しておきます。

② 法人である場合

　債権者または債務者が法人である場合には、本店（本社）または主たる事務所の所在地と法人名の記載によって、法人を特定します。

　本店または主たる事務所の所在地は、商業登記簿などと同一になるように注意しましょう。地番表示もハイフン表記ではなく、正確に表示します。もちろん、法人名も正確に表記します。

　法人の場合には、その代表者を必ず記載します。代表者名とその肩

書きが、登記簿と一致していなければなりません。

③　代理人がいる場合

　強制競売の申立てを代理人によって行うことも認められています。弁護士が依頼を受けて申立てをすることもありますが、会社の担当者（支配人）が代理人となるケースもよくあります。弁護士以外の者を代理人とする場合には、裁判所の許可が必要です。

　代理人についても、住所と氏名を正確に記載します。会社の担当者が代理人となるケースでは、現住所は、その者の住まいの所在地よりも、会社の担当部署の所在地を記載することが多いです。

　また、代理人の電話番号とファックス番号も併記しておきましょう。

■ 一般的な当事者目録の記載例 ……………………………………

当事者目録

〒158 - 0012　東京都世田谷区駒沢6丁目1番
　　　　　　　　　　　　　　債権者　南田一郎

■ 住所を変更した場合の記載例 ……………………………………

当事者目録

〒158 - 0098　東京都世田谷区上用賀7丁目2番
（債務名義上の住所）
〒154 - 0012　東京都世田谷区駒沢6丁目1番
　　　　　　　　　　　　　　債権者　南田一郎
---

7 請求債権目録を記載する

どの債権をどれだけ請求して強制競売をかけるのかを示す

請求債権の特定

　請求債権目録（64ページ）では、まず、強制競売の根拠となる請求債権を特定します。この場合の債権は、債務名義の内容となっている債権であり、債務名義には必ず事件番号などがつけられており、それを使用することによって特定ができるようになっています。

　具体的には、次のような記載になります。

①　債務名義が確定判決のケース

　「○○地方裁判所令和○年（ ）第○○○号○○○○請求事件の執行力ある判決正本に表示された下記金員」などとなります。

②　債務名義が和解調書のケース

　和解調書の条項まで詳しく記載することになっています。つまり、「□□地方裁判所令和□年（ ）第□□□号請求事件の執行力ある和解調書正本に表示された下記金員」などとなります。

③　債務名義が仮執行宣言付支払督促のケース

　「△△簡易裁判所令和△△年（ ）第△△△号請求事件の仮執行宣言付支払督促正本に表示された下記金員」などとなります。

④　債務名義が執行証書のケース

　「▽▽法務局所属公証人▽▽▽▽作成令和▽▽年第▽▽▽号…公正証書の執行力ある正本に表示された下記金員」などと記載します。

請求債権の表示方法

　請求債権を表示しますが、ここで申し立てられている不動産強制競売の場合には、簡潔な表示で十分です。債務名義によって請求債権が

特定されているので、債権の原因についてまで重複して詳細に記載する必要はないからです。具体的には、売買代金であれば「金○○○万円 ただし、売買残代金」、貸付金であれば「元金○○○万円 ただし、貸付残元金」、手形金であれば「金○○○万円 ただし、約束手形金債権」などと記載します。

　この点は、抵当権などの担保権を実行する場合とは異なっています。担保権の実行では、それが担保している債権（被担保債権）が存在していなければならないので、担保権の特定だけではなく、その被担保債権の原因についても明らかにしておく必要があるのです。

▌金額の表示方法

　請求債権目録では、債権の金額も記載しなければなりません。債権の金額は債務名義を根拠に確定できるのであれば、その金額をそのまま記載すればすみます。

　しかし、債権の金額は、常に一定しているとは限りません。通常の借金のパターンを思い出して頂ければ理解できると思いますが、貸金には利息がつくのが通常です。

　また、期限を守らないと損害金を支払うことを約束されていることもあります。借金のケースだけではなく、売買代金のケースでも、損害金（違約金）などが定められていることはよくあります。これらは、強制競売手続の最終段階になってみないと、正確に定まった金額は算出できません。

　ただ、不動産強制競売の場合には、最終の配当の段階で弁済が遅れている期間が判明し、そこで、債権者が計算書を提出すれば、最終的に確定した債権額全額を組み入れてもらえます。そのため、申立ての段階では、利息や損害金については、その計算方法さえ記載しておけば十分です。「元金に対する令和○年○月○日から完済に至るまで年○％の割合による利息（遅延損害金）」といった記載です。

利息と損害金の判別ですが、支払期限までの分が利息、それ以後の分が損害金ということになります。

一部請求の場合

債権の一部分についてのみ、強制競売を申し立てることができます。その場合には、一部分のみの強制競売である旨と金額がいくらになるのかを記載します。

分割払いを一括して請求する場合

債務者には通常、期限の利益があります。期限の利益とは、支払期日までは債務を返済する必要がないことをいいます。たとえば、返済日が令和〇年6月1日であれば、債務者は支払日まで債務を返済しなくても問題はありません。

ただ、分割して債務を弁済する場合には、期限の利益喪失約款（133ページ）が、当初の契約で定められていることがよくあります。期限の利益喪失約款とは、債務者が分割払いを1回（2回と定めることもあります）でも怠れば、残りの全額を債権者が直ちに請求することができるというものです。

たとえば、債務の月々の返済日が毎月末日で、分割払いを1回怠ると期限の利益を喪失する契約になっていたとします。債務者が末日にその月の支払分を怠った場合に、債務者は期限の利益を喪失し、債権者は債務者に対して残りの債務の全額を直ちに請求することができます。

期限の利益喪失約款を根拠に、分割払いの債権全額の請求をする場合には、その原因となる事実と全額請求する旨を記載します。

8 物件目録を記載する

登記簿の表題部に準拠して記載する

登記簿の記載と一致するように注意する

　不動産強制競売申立書には、物件目録（64ページ）も添付して、どの不動産に対して強制競売をかけてもらいたいのかを明示します。不動産をめぐる権利関係は、不動産登記簿に反映されることになっています。そのため、申立てに際しては、原則として、登記簿の記載を使って不動産を特定することにしています。申立書の物件目録の記載が、登記簿の記載と正確に一致していることが前提とされるので、その点によく注意してください。

基本的な記載方法

　物件目録への対象不動産の記載ですが、当該不動産の登記簿の表題部と一致していなければなりません。

　不動産登記は、表題部・権利部（甲区）・権利部（乙区）の三部から構成されています。このうち、表題部とは、その不動産が物理的にどのような状況にあるのかを示している部分です。

　表題部の記載内容については、土地と建物とでは、当然のことながら異なっています。物件目録も、強制競売の対象が土地か建物かで、特定するための表示内容が異なってきます。

① 土地の場合

　土地を特定する場合には、所在、地番、地目、地積を記載します。所在と地番で土地のある場所を示します。地番は、一般の住居表示とは異なっていることがほとんどなので、登記簿の記載に忠実に記載するように注意を要します。地目は、その土地がどのような用途に使用

されているのかを示します。地積は面積です。実際に測量した面積と
異なることがありますが、登記簿の表記に即して記載しておきます。

② 建物の場合

　建物を特定する場合には、所在、家屋番号、種類、構造、床面積を
記載します。家屋番号は、一つの土地の上にも複数の建物が存在し得
ることから、建物ごとに割り振られた番号のことです。

▌分譲マンションの場合の記載方法

　債務者所有のマンションに対して強制競売を申し立てる場合でも、
登記簿の表題部の内容を記載する点は、通常の土地や建物の場合と同
様です。ただ、分譲マンションでは、建物自体の敷地に対する権利
（敷地権）もあることと、建物自体と専有部分の双方が特定される必
要がある点に注意してください。

　そして、昭和59年の「建物の区分所有等に関する法律」の改正の前
後で、登記簿上の敷地権の表示の有無に違いがありますから、目録へ
の記載方法もそれに応じて異なってきます。

■ 基本的な物件目録の記載例 ………………………………………

表　題　部 (土地の表示)		調製	余 白		不動産番号	0000000000000
地図番号	余 白	筆界特定	余 白			
所　　在	新宿区○○町一丁目			余 白		
①地　番	②地　目	③地　　　積　㎡		原因及びその日付〔登記の日付〕		
1番12	宅　地	100:00		○○〔令和○年○月○日〕		
所　有　者	○○区○○町○丁目○番○号　　○○○○					

物件目録

所在　　新宿区○○町一丁目
地番　　1番12
地目　　宅地
地積　　100.00平方メートル

① 　敷地権の表示がない場合

　昭和59年の改正前の登記であり、表題部に敷地権の表示がない場合、建物自体の敷地となっている土地も表示します。表示の方法は、所在、地番、地目、地積の記載によって行います。ただ、かっこ書きで、債務者の持分を明らかにする必要があります。たとえば、「○○○○持分 □□□分の□□」といったようにです。

　また、建物自体と専有部分の双方についての表示が必要です。建物自体については「一棟の建物の表示」、専有部分については「専有部分の建物の表示」として、別々に表示することになります。いずれにしても表題部の記載に依拠していればよいのです。

② 　敷地権の表示がある場合

　昭和59年の改正後の登記で、表題部に敷地権の表示がある場合には、目録の記載方法は多少異なります。

　建物自体の敷地となっている土地に関する表示は不要で、「敷地権の表示」を記載すればそれですみます。それ以外は、建物自体については「一棟の建物の表示」、専有部分については「専有部分の建物の表示」として、別々に表示します。

表題部の表示と実際が異なる場合にはどうする

　土地にしても建物にしても、登記簿表題部の表示と実際の内容が異なっていることもあります。土地の地積などは、実際に測量してみると、登記簿の数値と異なっていることが意外によくあります。このような場合でも、表題部の示している内容に従って、目録を作成しておきます。

　裁判所では、提出された目録の記載に従って、法務局（登記所）に対して差押登記を嘱託します。登記簿の記載と異なっていると、法務局は差押登記の嘱託（依頼）を却下（内容を審査せず門前払いすること）します。

9 申立書を提出する際の注意点について知っておこう

当事者目録、請求債権目録、物件目録は複数用意する

申立書本文と目録をとじる

申立書本文、当事者目録、請求債権目録、物件目録の作成が終了したら、いよいよ「不動産強制競売申立書」（63ページ）を完成させます。不動産強制競売申立書は、申立書本文、当事者目録、請求債権目録、物件目録が、一体となってはじめて1通を形成しています。これらの書面を上から順に重ねてとじます。申立書の申立人欄には押印をします。

各書類は何枚必要なのか

申立ての意思を表明する不動産強制競売申立書自体は、申立書本文、当事者目録、請求債権目録、物件目録、各1通から構成されています。

しかし、提出すべき枚数はこれだけではありません。

強制競売の申立てがなされると、裁判所は、当該不動産の所在地を管轄する法務局（登記所）に差押登記の嘱託をするなど、各種の手続きを進めます。その際に、申立ての内容を示す目録が必要になります。

そこで、当事者目録、請求債権目録、物件目録については、余分に枚数を提出することになっています。

枚数については、各当事者数に加えて、各裁判所で定めている枚数を提出します。何枚の目録を用意すべきかは、事前に管轄の裁判所に問い合わせておきます。また、前述した必要枚数以外にも、自分の手元に残しておく控えとして1枚ずつ余分に作成しておくとよいでしょう。

なお、作成については、複写コピーでかまいません。

申立書はどこに提出するのか

申立書の作成が終了すると、いよいよそれを提出して不動産強制競売を申し立てることになります。強制競売の手続きは裁判所で行います。ただ、裁判所だからといって、どこにでも強制競売を申し立てることができるわけではありません。専属管轄といって、強制競売ができる裁判所は、法律で決まっているのです。

まず、裁判所の種類には、最高裁判所、高等裁判所、地方裁判所、簡易裁判所、家庭裁判所がありますが、強制競売を取り扱う裁判所は地方裁判所ですので地方裁判所に申立てをするようにしましょう。

次に、全国各地にある地方裁判所の中で、強制競売の対象となる不動産の所在地を管轄する地方裁判所に対して申立てをしなければなりません。当該不動産の所在地を管轄する地方裁判所が不明な場合には、その不動産の所在する都道府県の地方裁判所に照会してみるとよいでしょう。

よく契約書などに紛争が生じた場合の裁判所が前もって規定されているケースがありますが、強制競売の管轄は当事者の契約で変動させることはできません。管轄の地方裁判所が判明したら、申立てはその地方裁判所の民事事件を担当する窓口で行います。ただ、東京地方裁判所のように強制競売を専門に取り扱う部署が設置されているときは、そちらで手続きをしてください。

申立てにかかる費用はどのくらいなのか

不動産強制競売の申立てにあたっては、それなりの費用がかかります。もっとも、強制競売の結果、現金が配当される段階で、かかった費用は優先的に支払われることになっているので、回収できることにはなります。ただ、事前に、現金や切手によって、定められた費用を用意しておかなければなりません。

用意すべき費用は、次のものです。

① **申立手数料**

　申立て自体にかかる手数料として、「申立手数料」が必要になります。支払いは、収入印紙を購入し、申立書に貼付する方法によって行います。印紙の額は、請求債権1個につき4,000円分が必要です。対象不動産が複数であっても、1つの債務名義に基づく申立てであれば4,000円分で足ります。

② **予納切手**

　申立書の提出時に、裁判所の指定する分の切手を納める必要があります。この切手は強制競売手続中、関係者への通知に使用されるもので、現金ではなく切手でそのまま納付します。

　切手の種類と枚数は、裁判所によって指定されており、通常トータルで1万数千円かかります。内訳は裁判所によって異なるので、事前に問い合わせておきましょう。なお、裁判所内の売店で、そのままセットで切手を販売していることもあります。

■ 不動産強制執行の申立てに必要な書類 ……………………………

- ■ 不動産強制競売申立書
- ■ 当事者目録
- ■ 請求債権目録
- ■ 物件目録
- ■ 不動産に課せられる税金の額を証明する文書（公課証明書）
- ■ 登記事項証明書
- ■ 登記名義と実際の不動産の所有者が異なる場合には、債務者が不動産を所有していることを証明する文書
- ■ 登記されていない不動産については、不動産が債務者の所有に属する旨を示す書類と、土地の所在図
- ■ 建物については、建物が所在する土地の登記事項証明書

③ 執行費用

　さらに、強制競売にあたっては、不動産の評価などで費用がかかります。これらの執行費用については、事前に現金で納付をすることが求められます。費用は、請求債権の額面に応じて、金額が定められています。裁判所ごとに納付すべき金額が異なるので、事前に問い合わせておいてください。

④ 登録免許税

　強制競売の開始決定をすると、裁判所は法務局（登記所）に対して差押登記を嘱託します。これによって、不動産に関して処分ができなくなるのです。登記を申請するときには、登録免許税を納付しますが、嘱託の場合でも登録免許税がかかります。そのため、申立人は、国庫金納付書または印紙で登録免許税をあらかじめ納付しなければなりません。金額は、請求債権の額面の1000分の４です。請求債権の金額は、1,000円未満は切り捨てて、計算後の金額は100円未満を切り捨てます。

▎申立てに必要な付属書類と嘱託に必要な書類

　申立ては、申立書本文、当事者目録、請求債権目録、物件目録をとじて提出しますが、それ以外にも、いくつかの付属書類を提出します（前ページ）。

　申立てに際して提出される付属書類とは別に、差押登記の嘱託に必要な書類も用意しておきます。

　競売開始決定後、当該不動産の差押えをしますが、手続きとしては執行裁判所が管轄法務局（登記所）に対して差押登記の嘱託をします。

　その嘱託において、対象となる当事者目録と物件目録の提出が必要になりますが、申立人がこれらの目録を用意して裁判所に対して提出します。それぞれの目録の必要枚数は、裁判所によって異なるので、事前に問い合わせておくのが無難です。

① **当事者目録**

　当事者目録には、登記権利者と登記義務者双方の氏名（名称）、住所（所在地）を記載します。

　登記権利者とは登記をすることによって利益を受ける者のことで、ここでは申立人である債権者のことです。

　また、登記義務者とは登記をすることによって不利益を受ける者のことで、ここでは不動産の所有者である債務者のことです。

　もし、不動産登記簿上の住所（所在地）と現在の住所（所在地）が異なる場合には、登記簿上の住所（所在地）を記載しておきます。

② **物件目録**

　物件目録には、申立書の物件目録と同内容の記載をします。

■ 申立てにかかる費用 ·····························

申立手数料

収入印紙を購入し、申立書に貼付する方法によって行う。印紙の額は、請求債権１個につき4,000円分が必要。対象不動産が複数であっても、１つの債務名義に基づく申立てであれば4,000円分で足りる。

予納切手

申立書の提出時に納める切手。強制競売手続中、関係者への通知に使用されるもので、現金ではなく切手で納付する。

執行費用

不動産の評価などの執行費用については、事前に現金で納付をすることが求められる。費用は請求債権の額面に応じて、金額が定められている。裁判所ごとに納付すべき金額が異なる。

登録免許税

強制競売の開始決定をすると、裁判所は、法務局に対して差押登記を嘱託する。これによって、不動産に関して処分ができなくなる。嘱託の場合でも登録免許税を納付する。金額は、請求債権の額面の1000分の４。請求債権の金額は1,000円未満は切り捨てて、計算後の金額は100円未満を切り捨てる。

Q 弁護士以外でも代理人として申立てをすることはできるのでしょうか。

A 　以前は、代理人による申立ては、支配人や船長など法令により訴訟代理人となることが認められた者と弁護士に限定されていましたが、現在では、裁判所の許可を得れば上記以外の者でも申立代理人になることはできます。これは執行手続の内容がある程度定型化されており、当事者の専門知識によって左右される危険性が低いことから認められたものです。ただ、だれでもよいというわけではなく、法人である申立人の従業員や親族などが許可を受けることができます。

　代理人の許可については、「代理人許可申立書」（次ページ）を裁判所に提出して許可を得ます。代理人許可申立書には、許可を求める旨、代理人となる者の氏名、住所、職業、本人との関係、そして、代理人による申立てが必要な理由を記載し、500円分の収入印紙を貼付します。

　また、本人が交付する「委任状」（82ページ）も必要になります。委任状には、代理人になろうとする者の住所と氏名、委任をする旨、委任の内容などを記載します。

　さらに、代理人と本人との関係を証明するための書類も必要です。具体的には、代理人が本人の親族である場合は、本人との関係がわかる戸籍謄本または住民票、代理人が従業員の場合は代表者が作成した従業員証明書を添付する必要があります。

　委任状と従業員証明書にはそれぞれ代理人になろうとする者の印鑑を押印する必要があります。代理が許可されると、その印鑑を使用して以後の手続きをしていくことになります。

　なお、事前に裁判所と交渉して、代理人について内諾を得ておけば、不動産執行の申立書を提出すると同時に、代理人許可申立書、委任状等を提出することで代理は認められます。

代 理 人 許 可 申 立 書

印
紙
（５００円）

東京地方裁判所民事第２１部御中
　　令和 4 年 6 月 20 日

　　　　　　　　申 立 人　　南銀行
　　　　　　　　代表者代表取締役　北 山　次 郎 印
　申立人が債権者として本日御庁に申し立てた強制競売事件（債務者山川太郎）について，下記のとおり代理人の許可を申し立てます。

記

1　代理人となるべき者
　　氏　名　西谷　三郎
　　住　所　世田谷区池尻５番１号
　　職　業　銀行職員
　　本人との関係　申立人銀行の管理課職員

2　上記の者を代理人とすることが必要であることの理由
　　上記の者は，申立人銀行の管理課職員として上記不動産競売事件の申立てにいたるまでの業務に直接当たり，その内容を最も熟知している。また債権者代表者は多忙のため，本件手続に関与することができない。

委　任　状

（勤務先）東京都渋谷区神南３丁目３番１号
　　　　南銀行
（住　所）東京都世田谷区池尻５番１号
　　　　西谷　三郎

　私は，上記の者を代理人と定め，下記の権限を委任します。

記

1　債権者南銀行，債務者山川太郎間の東京地方裁判所における強制
　競売事件に関する一切の件
2　上記事件の申立て取下げに関する一切の件

令和４年６月20日
　東京都渋谷区神南３丁目３番１号
　　南銀行
　　　代表者代表取締役　北山　次郎　㊞

10 特別な申立てが必要な場合もある

登記簿の状況に応じて段取りも異なってくる

■ 登記名義人イコール債務者（所有者）とは限らない

　強制競売の申立てに関するこれまでの説明では、対象とされる不動産の登記名義人が真実の所有者と一致し、特殊な登記などがなされていないノーマルな状態にあることを前提としていました。

　しかし、不動産をめぐる権利関係が、真実と一致していない場合や、単純ではない場合も稀にあります。そのような場合でも、そのまま諦める必要はありません。泣き寝入りすることなく、特別な申立手続によって強制競売は可能になります。

■ 真実は債務者が所有者なのに、名義は第三者名義である場合

　強制競売の対象としたい不動産が第三者の名義となっているケースがあります。もちろん、そのままでは、申立てをする段階で提出する書類と登記名義が異なっているので、裁判所は強制競売の開始決定をしてくれません。そこで、強制競売を可能にするために、登記名義と真実の所有者が一致するように手続きをすることになります。

　登記名義が第三者のものになっている場合として、売買などの権利変動の後で登記が債務者に移転していないケースと、債務者が債務名義成立後にあえて譲渡しているケースが考えられます。登記名義が債務者になれば、これまでに説明した申立ての手続きに入ります。

① 　売買などの権利変動の後で登記が移転していないケース

　このようなケースでは、本来の権利者（新しい所有者）である債務者がその権利を行使して、登記簿上の名義人である元の所有者に対して、移転登記を請求していないわけです。

そこで、債権者としては、まず、債務者や登記名義人と交渉して、所有権移転の登記申請をしてもらいます。

　しかし、債務者が強制競売をおそれて移転登記の請求をしない場合には、債務者に代わって名義人に対して、移転登記を請求することができます。これを**債権者代位権**といって、債権者が債務者の財産管理に介入することによって、債務者の財産を確保するために民法上認められた権利です。債権者代位権を行使して登記申請を行う場合、登記簿上の名義人が申請に協力してくれるときは、債権者と名義人が共同で所有権移転登記を行います。他方、名義人も申請に協力しない場合は、債権者自らが原告となり、名義人を被告として、名義人から債務者への所有権移転登記への協力を求める訴訟を提起し、勝訴判決を得れば、債権者は単独で所有権移転登記を申請することができます。

② **債務者が債務名義成立後にあえて譲渡しているケース**

　債務者が強制競売をかけられることを見越して、第三者に対して不動産を譲渡してしまうことがあります。

　これに対しては、訴訟を提起して、登記名義を元の債務者名義に戻すという対処方法があります。これを**詐害行為取消権**と呼んでいます。詐害行為取消権の行使は訴訟によらなければならず、手続きも難しいので、弁護士と相談してみるべきでしょう。

┃ 相続が反映されていない場合

　不動産の所有者がすでに死亡しているのに、登記簿上の名義が被相続人のままになっていることがあります。債務者が相続により所有権（相続分）を取得している場合でも、名義が被相続人のままでは強制競売の申立てはできません。

　では、どうすればよいのでしょうか。死亡した被相続人をA、その妻をB、ABの子供をCとDとし、債務者がDで登記名義がAのままになっているとします。

相続される割合は、B：C：D＝2：1：1です。債権者は相続財産である不動産について、相続がなされたとの登記をする手続きを行います。この手続きは、債務者Dの協力がなくても、債権者だけで行うことができます。戸籍などの相続を証明する書類を集めて、法務局（登記所）に申請するのです。

　相続登記がなされると、その登記簿に従って、強制競売の申立てに入ります。ただ、不動産所有権のすべてに対して強制競売できるわけではなく、債務者Dの相続分に応じた持分4分の1についてのみ、強制競売が許されます。

■ **債権者代位権** ･･

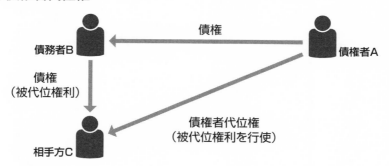

■ **詐害行為取消権** ･･

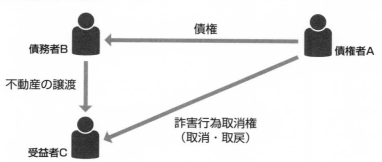

すでに差押登記がなされている場合

　強制競売の申立てをするときに、すでに登記簿上差押えがなされているケースがあります。債務不履行状態にある債務者は、他の債権者に対しても弁済を滞っていることは多いので、所有する不動産に対して差押えがなされていることはよくあります。

　差押えがなされているパターンとしては、他の債権者になされている場合と、租税の滞納処分として国によって差押えがなされている場合があります。

①　他の債権者により差押えがなされている場合

　現在の民事執行法では、すでに強制競売の開始決定がなされていても、重ねて申立てにより強制競売の開始決定をすることが認められています。これを**二重開始決定**と呼んでいます。

　もっとも、先行の開始決定が停止するおそれがないのであれば、二重開始決定を求めて申立てをする必要性は低いといえます。そのようなケースでは、配当要求の申立て（166ページ）をして、競売手続に参加すれば十分です。

②　租税の滞納処分として国によって差し押さえられている場合

　一般の私人に対する債務だけではなく、国の租税債務を滞納していると、滞納処分として差押えを受けることがあります。その場合でも、①の場合と同様に、債権者は強制競売の申立てをして、重ねて競売開始決定を受けることはできます。

　私人である債権者の申立てにより競売開始決定がなされると、裁判所の嘱託により差押登記がなされます。ただ、その後の競売手続を進行させるためには、特別の手続きをとる必要があります。

　この点については、2つの手続きの調整を図るために制定されている「滞納処分と強制執行等との手続きの調整に関する法律」によって規定されています。

Q 債務者所有の不動産が未登記のようなのですが、強制執行することはできるのでしょうか。

A 債務者が家を建築して、まだ、その所有者として登記をしていないこともたまにあります。そのような不動産に対して強制競売をするには、申立てに際し、対象となる不動産が、債務者の所有物であることを証明する必要があります。

　未登記の建物の所有者が債務者であることを証明するためには、申立時に所有証明書を裁判所に提出します。所有証明書といっても、定まったものがあるわけではありません。公私の別なく、債務者が所有者であることを証明できる文書であればかまいません。

　ただ、実質的・形式的に見て、裁判所をして債務者が所有者であると信じることができるものでなければなりません。公文書では、「建築許可証」「固定資産税の納付証明書」、私文書では、その建物を建てた請負人の証明書などです。これにより債務者の所有であることが証明されれば、差押えの登記と同時に、登記官が職権で表題登記および所有権保存登記を行うことになります。

　したがって、申立てに際しては、所有証明書の他に、不動産の現況がわかる書類を添付する必要があります。具体的には、建物の場合は、「建物の図面」および「各階平面図」、土地の場合は、「土地所在図」および「地積測量図」がこれにあたります。これらの図面は、申立人が勝手に作成できるというものではなく、土地家屋調査士などの正式な資格を有する者の作成によらなければなりません。

　なお、未登記といっても、不動産についてすでに表題登記はなされていて、保存登記がなされていない場合には、建物の図面等の書類は不要です。登記事項証明書を用意すれば十分です。以上の必要書類が添付されて申立てがなされると、裁判所から法務局（登記所）に対して差押登記の嘱託がされて、強制競売のための手続きが進められます。

仮登記がなされている場合にはどうなるのでしょうか。

仮登記は、そもそも、登記上の順位を将来にわたって保全しておくという効力をもっています。不動産をめぐる権利関係は、登記をした順に優先するのが原則です。そこで、権利の変動が本決まりになる前に仮登記をしておいて、権利を確保しておくのです。

このような仮登記のもつ機能に照らし、強制競売の申立てをしようとする時点で仮登記されている場合には、仮登記の意味内容によって、債権者のとるべき態度は異なってくるので注意してください。

① 所有権を優先的に確保することが目的である場合

仮登記のもつ本来的な機能に従い、不動産の所有権を優先的に確保するために登記がなされているケースでは、たとえ強制競売が行われて、買受人が現れても、やがては仮登記権利者にその不動産の所有権は奪われてしまいます。ですから、結局のところ買受人は現れず、手続きは空振りということになってしまいます。そこで、このような趣旨で仮登記がなされているのであれば、申立ては控えるべきでしょう。

② 債権を担保することが目的である場合

仮登記は、債権担保のために利用されることも多いようです。つまり、代物弁済の予約や停止条件付代物弁済契約を原因として、所有権移転請求権仮登記、停止条件付所有権移転仮登記がなされているような場合です。この場合、優先する抵当権がすでに登記がなされている場合と同様に、担保されている債権について優先的に配当がなされて、その残額から申立人が配当を受けることになります。

以上のいずれの場合に該当するのかは、登記の外観だけからは不明です。仮登記権利者に問い合わせるなどして、状況を正確に把握するようにしてください。

11 競売開始決定に関する手続きはどうなっているのか

基本的には裁判所書記官が職権で動いてくれる

申立書を受理してもらう

　申立書を作成し、各種目録、代理申立てによる場合の代理人許可申立書など必要書類を用意したら、これらをそろえて管轄裁判所の窓口に提出します。申立書をはじめ、押印が必要な書類が複数ある場合には同一の印鑑を使用するように注意してください。裁判所に行くときには、必ず、申立書などの作成の際に使用した印鑑と筆記用具を持参していきましょう。裁判所の窓口で書類の不備が見つかると、それが簡単な不備であれば、その場で訂正を求められます。臨機応変に応じられるように、印鑑と筆記用具は忘れないようにしておきます。

差押登記の嘱託

　申立書が受理されて、競売開始決定がなされると、今度は差押登記の嘱託へと進みます。

　差押登記の嘱託は、原則として裁判所が職権で行ってくれます。正確には、裁判所書記官が書留郵便によって、管轄の法務局（登記所）に「登記嘱託申請書」を送付して申請してくれるわけです。

　ただし、できるだけ早く手続きを進行させるために、申立人自らが直接法務局に書類を持参することが必要となる場合もあります。

　法務局に直接登記嘱託書を提出する場合、申立人は指定された日時に裁判所に出頭して、あらかじめ強制競売開始決定の正本と一緒に登記嘱託書を受け取ります。申立人は、これらの書類を法務局に提出することになっています。申立人は受け取った登記嘱託書に登録免許税分の印紙を貼付しなければなりません。また、法務局から裁判所に郵

送するときに必要な返信用切手も必要です。このような準備が整ったら、管轄の法務局に行き、登記嘱託書を提出します。

▌競売開始決定正本の送達

　差押登記の嘱託がなされ、当該不動産に差押えの登記がなされると、競売開始決定の正本が債務者に送達されることになります。送達は裁判所書記官が職権で行います。この送達は、申立書に記載されている住所（法人の場合は本店・主たる事務所の所在地）に宛てて発送されます。そのまま債務者に送達されれば問題はないのですが、たまに所在が不明なため送達できないこともあります。その場合、裁判所は、申立人に対して、債務者の所在を調べるように言ってきます。そのままでは手続きは進んでいかないので、債務者の所在を調査することになります。調べる方法としては、債務者の関係者に問い合わせたり、住民票、戸籍の附票をとるという方法があります。

　十分な調査を実行したにもかかわらず、債務者の所在がつかめないときはどうすべきでしょうか。この場合でも、強制競売ができなくなるわけではありません。執行の対象となる不動産があれば、手続きを進めることはできます。方法としては、裁判所に**公示送達**を申し立てるという手段が用意されています。

　公示送達は、債務者の住所や居所、就業場所がわからない場合に限って認められる送達方法で、住居所に債務者が不在である旨を調査した報告書とともに公示送達するよう裁判所に申立てを行います。この申立てが認められれば、裁判所内の掲示板に送達すべき内容を記載した書面が掲示され、掲示された最初の日から2週間が経過すれば、相手に送達したものとみなされます。

　なお、公示送達はあくまでも債務者の行方が不明の場合に認められる例外的な制度であることから、単に債務者が受け取らない場合や、債務者の勤務先がわかっている場合には、それぞれ付郵便送達や就業

場所送達（債務者の勤務先への送達）の申立てを行うことになります。付郵便送達がなされた場合は、債務者が不在などで受け取らなくても、裁判所が書留郵便を発送した時点で、送達したものとみなされます。

競売開始決定正本が送達後、債務者が死亡した場合

　競売開始決定正本が問題なく債務者に送達された後、債務者が死亡した場合、強制競売はできないのでしょうか。

　この場合であっても、強制執行の手続きは続行されます。ただし、執行手続中において、債務者に対し送達等を要する場合には、債務者の相続人へ送達を行う必要があります。相続人の所在が不明なときは、裁判所に対し、特別代理人の選任を申し立てることになります。

■ 申立て受理から差押えまでの流れ ………………………………

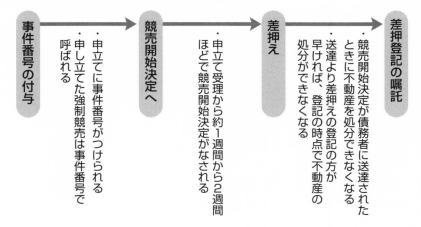

事件番号の付与
・申立てに事件番号がつけられる
・申し立てた強制競売は事件番号で呼ばれる

競売開始決定へ
・申立て受理から約1週間から2週間ほどで競売開始決定がなされる

差押え
・競売開始決定が債務者に送達されたときに不動産を処分できなくなる
・送達より差押えの登記の方が早ければ、登記の時点で不動産の処分ができなくなる

差押登記の嘱託

Q 滞納処分による差押登記がなされている場合について教えてください。

A 債務者が税金などを滞納していたため、すでに不動産に国税徴収法に基づく滞納処分としての差押えがなされている場合には、さらに別の申請手続が必要になるので注意を要します。この場合でも、前述したように、競売開始決定を二重に受けることはできます。

しかし、滞納処分による手続きが進行するか、あるいは逆に処分が解除されない限りは、債権者の申し立てた強制競売手続は停止されることになっています。したがって、債権者がじっとしていたのでは、宙ぶらりんの状態が続くことになってしまいます。

そこで、債権者としては、裁判所に「競売続行決定」の申請をするべきでしょう。相当期間内に滞納処分による手続きが進行しない場合には、この申請により競売続行決定がなされ、競売手続の方を進行させることができるのです。

以前は、競売開始決定がなされた段階で、債権者が滞納処分を行う行政庁に対して催告する必要がありましたが、迅速な競売を達成するために、現在では不要とされています。

なお、滞納処分が停止されたり、取り下げられた場合でも、それだけでは競売手続の停止状態は変わらないので、この続行決定を行った方がよいでしょう。

裁判所の方から職権で動いてくれるわけではないので、滞納処分による差押登記を発見したら、迅速に動いて、競売続行決定の申請をするようにしてください。申請にあたって必要な書式や添付書類については、裁判所とよく相談しておいて、円滑な手続きの進行を実現しましょう。

12 債権の届出と配当要求をする

他の債権者の競売事件に参加して債権回収する

他人の申し立てた不動産強制競売に参加する

　債権を有する者は、債務者の不動産に対する強制競売を申し立てることによって、債権の回収を図ることができます。ただ、債務者が債務を弁済しないときには、他にも債権者がいて請求を受けている可能性が高いといえます。

　強制競売の申立ての準備をしていたところ、先に他の債権者が強制競売の申立てを行い、競売開始決定がなされてしまったとしても、債権を回収する機会が奪われたわけではありません。複数存在するであろう債権者間の利害関係を調整するために、債権の届出や配当要求といった制度が用意されているのです。これらの制度によって、他の債権者の始めた手続きの中で効率よく債権の回収をめざしましょう。

債権の届出を行う

　債権者が債務者所有の不動産に対して、すでに抵当権の設定を受けていたり、仮差押（252ページ）をしていた場合には、他の債権者の申立てにより競売開始決定がなされると、抵当権設定などを受けていた債権者に対して裁判所から、債権の届出をするように催告されることになっています。

　申立てをした債権者よりも、その不動産に対して優先的な担保権などをもっている者がいれば、その担保されている債権の額をそれぞれ明らかにします。その上で、不動産を競売し、売却代金から優先順位に従って配当をするのです。具体的には、裁判所から「債権届出の催告書」が送られてきます。

そして、同封されている「債権届出書」（次ページ）に必要事項を記載して、裁判所にそれを返送します。債権届出書には、保有している債権の発生年月日と発生原因、元金の現在額、登記の表示、さらに、利息の利率、損害金の有無、仮登記の種別などについて記載します。

債権届出書の提出期限は、配当要求の終期までであり、債権届出の催告書には、具体的な提出期限の日付が記載されています。その期限までに、必ず債権届出書を提出してください。届出をしなかったり、虚偽の債権の記入、債権額の偽りがあると、後で損害賠償を請求されることがあるので、注意してください。

▌配当要求をする

自分以外の債権者が債務者所有の不動産に対して強制競売の申立てをした場合、大きく分けて2つの方法により債権の回収を図ることができます。1つは、自分も独自に強制競売の申立てをして、二重に競売開始決定を得ることです。もう1つは、他の債権者の申立てにより開始決定がなされた競売手続に参加して、配当を受けるという方法です。

① 自分でさらに強制競売を申し立てる

この方法は競売手続きを行えばよいわけです。次に述べる配当要求に比べて費用や事務手続きが余分にかかるのが、デメリットといえるでしょう。メリットとしては、すでに進行している強制競売手続に停止・取下げがあったとしても、自己の申立てによって手続きが進行していくことが挙げられます。

② 配当要求という手段をとる

他の債権者が先に申し立てた強制競売はそのまま進行するのが通常です。そこで、他の債権者の申立てによりすでに開始決定されている競売手続に参加して配当を受ける「配当要求」という手段をとることが合理的だということになります。

配当要求をすることのできる者は、限定されています。つまり、執

令和 ○ 年 （ 　 ） 第 　 号

債 権 届 出 書

令和 ○ 年 11 月 7 日

東京地方裁判所民事第21部（　　　　　　競売係）御中

〒142-0064　住所　東京都品川区旗の台7丁目1番

　　　　氏名又は名称　品川　株式会社

　　　　代表者（代理人）　戸田　五郎　　　　　　　　　㊞

　　　　　　　　電話　　　　03 （ 1111 ） 1111
　　　　　　　　FAX　　　　03 （ 1111 ） 1112

下記のとおり債権の届出をします。

番号	債権発生の年月日及びその原因	元 金 現 在 額	登記の表示（仮差押えの場合は，併せて事件の表示）
	合　　計		
例1）	28．4．8付消費貸借	5,000,000円	28．4．9受付第478号根抵当権
例2）	28．3．22付売買契約	600,000円	28．4．9受付第476号仮差押（東京地裁平成25年(ヨ)第9号）

元金番号	期　　　日	日　数	利率(特約等)	利息・損害金の別	利息・損害金の現在額
例1）	28．7．28～11．15	111	年7％	利　息	106,438円
例2）	28．12．8～完済		年10％	損害金	
所有権移転に関する仮登記		□担保仮登記である		□担保仮登記でない	

行力ある債務名義の正本を有する債権者、差押登記後に登記された仮差押債権者、文書により一般の先取特権（法律の定めによって発生する特殊な担保権）を有することを証明した債権者です。債権者がこれらのいずれかに該当するのであれば、配当要求により手続きに参加することができます。

　配当要求は、競売事件が係属している裁判所の担当部に対して、配当要求の終期までに行います。期間を守らないと、配当に剰余金があっても配当を受けられないことがあるので注意してください。配当要求の終期がいつかは、裁判所の掲示板に公示されます。配当要求の申立てに必要なものは、以下のとおりです。

・配当要求書（正本 次ページ）
・配当要求書（副本：差押債権者および債務者数分必要）
・債務名義の正本
・申立手数料（印紙500円分）
・送達費用（予納郵券〈郵便切手のこと〉）

■ 配当要求をすることができる者 ………………………………

差押登記後に登記された仮差押債権者

執行力のある債務名義の正本を有する債権者

文書により一般の先取特権を有することを証明した債権者

書式７　配当要求書

配　当　要　求　書

┌─────────────┐
│ 収入印紙 │
│ 500円 │
│ ※割印しな │
│ いこと │
└─────────────┘

東京地方裁判所民事第２１部御中
　　　　令和○年12月５日
　　　　　　東京都品川区小川台３丁目５番１号
　配当要求債権者　　　大井　信二　㊞

　上記当事者間の御庁令和○年（ケ）第○○○○号不動産競売事件について，次のとおり配当要求する。
1　配当要求をする債権の原因及び額
　　列添判決正本記載のとおり
2　配当要求の資格
　　配当要求債権者は、所有者に対し、執行力ある債務名義正本を有している。

添付書類
1　執行力のある判決正本　　　　１通
2　同送達証明書　　　　　　　　１通

13

入札の仕方はどうなっているのか

期間入札で行われる

入札・競り売り・特別売却

　債権者の申立てに基づいて競売開始決定を行うと、裁判所は、対象となる不動産の現況調査、評価をします。そして、下された評価に従い、不動産の売却基準価額をはじめとする売却条件を決定します。この条件によって、不動産の競売が行われるのです。

　強制競売について規定した民事執行法では、後述する複数の売却方法が認められていて、裁判所はその中から売却方法を選択します。

① **入札**

　購入希望者が希望する価格を入札し、その中の最高価格をつけた者に不動産を売却するという方法です。

　入札には、さらに、期間入札と期日入札があります。期間入札は、定められた一定期間の間に、入札を受け付ける方法です。裁判所へ出頭しなくても、郵送により入札することができます。期日入札は、指定された日に裁判所に出頭し、入札をして、最高価買受申出人（最も高値をつけた者）をその場で決定する方法です。実際のところ、ほとんどの裁判所で期間入札が採用されています。

② **競り売り**

　買受けを希望する者が集まって、次々と買受希望価格を提示して、最高価格をつけた者に不動産を売却するという方法です。

③ **特別売却**

　入札や競り売りの方法で買受人が現れなかった場合に、対象不動産の賃借人や隣人といった関係者に、執行官が個別に交渉して売却を決定する方法です。

▌買受可能価額とは

　競売不動産を買い受ける場合、どのような金額でも申し出ればよい
わけではありません。買受可能価額は売却基準価額の8割以上の金額
とされていますので、申出の際はこれ以上の金額を提示しなければな
りません。

▌保証金を用意する

　裁判所で対象となる不動産の評価が定まり、売却基準価額が決まる
と、申立人、その他の利害関係人に対して入札の通知書が送られます。
また、公告されるので、一般の買受希望者も期間入札について知るこ
とができます。

　ただ、競売される不動産の買受けを申し出る場合には、提出すべき
書類の他に保証金を提供することが必要です。保証金の額ですが、売
却基準価額の10分の2が原則とされ、場合によってはそれを上回るこ
ともあります。保証金額は、入札公告に記載されます。

▌保証金の提供方法

　保証金の金額がわかったら、裁判所に対してそれを提供します。提
供方法は、入札方法に応じて異なっています。

■ 入札の方法 ･･

期間入札	定められた一定期間の間に、入札を受け付ける方法。裁判所へ出頭しなくても、郵送により入札することができる。
期日入札	指定された日に裁判所に出頭し、入札をして、最高価買受申出人（最も高値をつけた者）をその場で決定する方法。

振込証明書を用意する

　保証金の振込みが完了後、金融機関の発行する証明書（振込金受取書）を「入札保証金振込証明書」に貼付します。入札保証金振込証明書は裁判所に備え置かれているので、事前に用意しておいてください。この書式は、入札書とともに裁判所に提出することになります。

　保証金を振り込み、その証明書の用意ができたら、いよいよ入札書を作成します。入札書の書式は、裁判所で交付してもらえます。

　入札書には、日付・事件番号・物件番号・入札人の住所および氏名（代理人によるときはその住所および氏名も）・入札価額・保証の額・保証の提供方法など、必要事項を記入した上、押印します。入札書は封印して提出するものなので、間違いのないようにくれぐれも注意して記入しましょう。

入札書用封筒に封入する

　期日入札の場合とは異なり期間入札の場合では、開札がされるまでの間に入札書の改ざんなどができないように、入札書を提出する段階で入札書用封筒に封入することになっています。

　入札書用封筒は、入札書とともに裁判所で交付してもらえます。入札書用封筒には、裁判所・事件番号・物件番号・開札期日などを記入します。記入後に、入札書を入れて封緘します。これで提出すると、開札されるまでだれも改ざんなどができなくなるのです。

　なお、入札書用封筒には、入札書しか入れることができないので注意してください。

入札書を提出する

　入札書を作成し、入札書用封筒への封入も完了した後に、裁判所に提出します。提出にあたっては、入札書用封筒だけでなく、前述した振込証明書、そして、住民票、資格証明書といった必要な証明書を添

付します。これらの証明書を入札書用封筒に同封しないように、くれぐれも留意しましょう。

売却許可決定をする

　開札の期日が到来すると、そこで初めて執行官が入札書用封筒を開封します。そして、入札人それぞれの入札価額を比較し、最高価買受人を決定します。最高価買受人が決定されると、執行官は期間入札調書を作成し、執行裁判所に提出します。手続上特に問題がなければ、執行裁判所は売却許可を決定します。なお、開札の期日には、必ずしも入札人は出席する義務はありません。ただし、次順位買受けの申出（最高価買受申出人が買受代金を納付しないときに不動産を買い受ける申出のこと）ができなくなるので注意してください。

差引納付の申出をする

　強制競売を申し立てた債権者が入札し、落札をした場合には、形式的には、申立人が売却代金を支払い、その売却代金から配当を受けることになります。しかし、簡易・迅速な決済のために、代金納付の段階で、受けるべき配当額を差し引いた金額を納付することが認められています。これを**差引納付の申出**といい、売却許可決定が確定するまでに申し出ることになっています。

■ 入札の提出方法 ……………………………………………………

郵送による場合	封をした入札書入封筒と振込証明書などの添付書類をともに外封筒に封入する。そして、郵便局から書留郵便によって裁判所執行官宛てに発送する
持参による場合	入札書を、直接、裁判所執行官室に持参して提出する

差 引 納 付 申 出 書

東京地方裁判所民事第21部　御中

　　令和 ○ 年 3 月19 日

　　　　買受申出人　住　所　東京都○○○○○○
　　　　　　　　　　氏　名　甲山　春夫　　　　　　　㊞

　　債権者　甲山　春夫

　　債務者　乙野　次郎

　　所有者　乙野　次郎

　上記当事者間の御庁令和 ○ 年（ケ）第 ○○○ 号担保不動産（強制）競

売事件について、下記のとおり買受代金と配当を受けるべき金額との差引納付

の申出をする。

記

　　　　不動産の表示　　別紙物件目録記載のとおり

　　　　買受申出の額　　金 18,000,001 円

　　　　代金納付の方法　買受人が売却代金から弁済を受けるべき額と差し
　　　　　　　　　　　　引く方法により代金納付に代える。

（注）売却許可決定確定までに提出すること（民事執行法78条4項）。
※　物件目録を別紙として添付してください。

3点セットとはどんな資料のことなのでしょうか。

 　3点セットとは、物件の売却準備段階において作成される3点の重要な資料のことです。3点の資料は、以下のとおりです。

① **現況調査報告書**

　裁判所の執行官が実際に現地に行って対象物件の形状、占有関係などを調査し、その結果をまとめた書面のことをいいます。現況というのは、現在の状況という意味です。

② **評価書**

　評価人（多くは不動産鑑定士）が、対象物件を調査し、その評価と評価の過程をまとめた書面のことをいいます。この書面の内容が売却基準価額の根拠となります。

　ただし、評価額は評価人によって異なる可能性もあるため、不動産評価の専門家がつけた評価額であっても、それが本当に適正かどうかについて、買受希望者は自身の目でチェックする必要があります。

③ **物件明細書**

　上記①②をベースにして、裁判所書記官が、買受人が負担することとなる他人の権利があるかどうかなどを書いた書面のことをいいます。物件明細書に記載されている情報は、買受希望者にとって、入札に参加するかどうかの決め手になっていきます。

　3点セットは、裁判所が提供する物件情報のすべてですので、お目当ての物件を見つけたら、まずは、これらを読み解くことからはじめましょう。3点セットは、裁判所に備え置かれており、だれでも見ることができます。

　また、BITという不動産競売物件情報サイト（https://www.bit. courts.go.jp/）から無料でダウンロードすることもできます。

Q 3点セットで確認するのですから、わざわざ現地調査する必要はないように思うのですが。

A 競売は、不動産業者に店頭などで物件を紹介してもらって不動産業者の仲介により購入する場合とは手続きが異なりますので、競売に参加する前に下調べをして十分な予備知識を得ておくべきです。

まず、どのような不動産物件が競売にかけられているかを調べましょう。新聞紙上、不動産情報誌、インターネットによる検索などで競売物件に関する概要を調べることができます。BITという不動産競売物件情報サイト（https://www.bit.courts.go.jp/ ）が便利です。

気になる物件があった場合は、3点セット（前ページ）を確認します。3点セットは、裁判所まで行って閲覧室で閲覧するか、BITで確認できます。3点セットの調査が終わったら、今度は実際に現地に行って検分します。

3点セットは、それぞれの資料作成時点の情報に基づいて作成されるので、実際に売却が実施されるまでの間に状況が変わっていても不思議ではありません。また、3点セットが物件のすべての情報を網羅できているとも限りません。そのため、実際に現地に行って確認することが大切です。

建物の場合は、まず所有者に会って、占有状況や滞納管理費の有無、敷金承継の件について確認をとっておきます。占有状況を調べるだけなら、占有者に直接アタックしていく方法でもよいでしょう。管理費の滞納状況についても、管理会社に確認をとります。土地については、現況調査報告書には、公図や図面などが添付されていますが、実際に現地に行って接道条件と境界線の確認を行います。また、境界線についても、所有者から直接話を聞くか、役所の都市計画課や建築指導課などに足を運んで確認をとるようにしましょう。

現地検分をして物件を購入する決意をしたら、いよいよ競売手続きです。入札が終了して、最高買取価格をつけることができれば、いわゆる落札となり、代金の納付により物件を入手することができます。

14

入札書類はどのように作成すればよいのか

どんな書類が必要なのか把握しておく

入札書類一式を作成する

入札に必要な書類は、①入札書、②入札保証金振込証明書、③資格証明書（または商業登記事項証明書）または住民票などの添付書類、④暴力団員等に該当しない旨の陳述書、⑤所定の封筒、の5点です。以下、順に説明します。

・入札書（単独入札用、書式9）

右上の日付は、開札期日の日付でも認めている裁判所がありますが、なるべく書類の提出日を記入するようにします。

「事件番号」と「物件番号」は、公告どおりに記入します。なお、事件番号の（ケ）は担保権の実行による競売で、（ヌ）は強制執行による競売（強制競売）を意味します。物件番号とは、文字通り、各物件につけられている番号のことです。

土地と建物は、それぞれ別個のものとして扱われるので、たとえば、土地付き建物は「1、2」などと記載されることになります。その下の「入札人」ですが、法人で申し込む場合は、法人の商号等を記入します。印鑑は、代表者印を押印します。ここで使用した印鑑は、落札後の手続きでも同じものを使うことになります。代理人が入札を行うときは、代理人の氏名、押印が必要になります。この場合は、委任状も入札書類として提出しなければならないことに注意しましょう。

なお、入札書類の提出を代わりの者が行っても、その者が代理人になるわけではありません。この場合の代理人というのは、あくまでも書面の内容について本人を代理して作成した者を指すからです。

その下の「入札価額」は、間違いのないように記入してください。

入札は1円単位で可能ですが、いったん書類を提出すると、後で変更や修正ができなくなるので注意が必要です。

　また、入札価額は、入札価額欄の記載から入札価額が一義的に明確になるように記載する必要があります。

　この点については、入札価額欄のうち、千万の位から十の位までは数字が記載されているものの、一の位の記載が漏れていた事案において、入札価額が一義的に明確でないことを理由に、その入札を無効とした判例があります。

・入札保証金振込証明書

　表面の記入で注意したいのは、落札できなかった場合の返還方法を記入する際に、口座番号を間違えないように記入するということです。返還は、開札期日後2〜5日以内になされるのが一般的です。所定箇所には、保証金を振り込んだ際の振込の控えを貼り付けます。

・資格証明書（または商業登記事項証明書）または住民票

　入札人、つまり買受申出人が法人の場合は、資格証明書または商業登記事項証明書の提出が必要です。個人の場合は、住民票になります。いずれについても3か月以内に発行されたものでなければなりません。

・暴力団員等に該当しない旨の陳述書

　令和2年4月の民事執行法の改正により、新たに、暴力団員等に該当しない旨の陳述書の提出が、入札書ごとに必要になりました。入札時に陳述書の提出がないと入札が無効になります。

その他の書類など

　二者以上の共同で入札する場合には、共同入札用の入札書があるのでそれを使用します。さらに、共同買受許可申立書を併せて提出する必要があります。ただ、この許可書だけは入札の前に提出してあらかじめ許可をもらうことができます。

　なお、共同入札できるのは、夫婦、親子、兄弟姉妹などの一定の身

分関係のある者同士や、その競売物件に関わっている利害関係人（賃借人など）に限られます。

　また、農地または採草放牧地の場合には、買受適格証明書を併せて提出しなければなりません。

・入札書（共同入札用）作成上の注意点（書式10）

　共同入札用の入札書には、入札人となる者の全員分の名称を記載します。代理人がいる場合にはその代理人の名称についても記載する必要があります。

・共同入札買受許可申立書作成上の注意点（書式12）

　まず、事件番号や開札期日を記載します。

　次に、申立人の氏名・電話番号・住所を記載します。その横に、それぞれの申立人が有している持分の割合を明記します。

　共同入札買受許可申立書には、それぞれの申立人の住民票を添付する必要があります。3人以上で入札を行う場合には、共同入札買受許可申立書を複数使用し、それぞれに割印をしなければなりません。

受取書をもらう

　封筒の表面に開札期日、事件年月日、物件番号などを記載し、入札書だけを封筒（112ページ）に入れてのりづけをして、他の書類とともに執行官室に提出します。それと引きかえに、「受取書」を執行官から受け取ることができます。

　なお、郵送で提出する場合は、入札保証金振込証明書を折り曲げずに、その他の書類一式とともに、大きめの封筒に入れて「書留郵便」で送ります。ただし、一部の裁判所では所定の郵送用封筒を備え置いているところもあるので、郵送の際には、提出先の裁判所に問い合わせてみてください。

書式9　入札書（単独入札用）

入　札　書　（　期　間　入　札　）

<table>
<tr><td colspan="2">入 札 書 （ 期 間 入 札 ）
令和 ○ 年 3 月 5 日</td></tr>
<tr><td>東京 地方裁判所　　　　　支部　執行官　殿</td><td></td></tr>
</table>

入 札 書 （ 期 間 入 札 ）

東京 地方裁判所　　　　　支部　執行官　殿

令和 ○ 年 3 月 5 日

事件番号	□平成 ✔令和 ○ 年（ ケ ）第 ○○○ 号	物件番号	1.2

入 札 価 額	百億	十億	億	千万	百万	十万	万	千	百	十	一
			¥6	8	0	0	0	0	0	0	0 円

入 札 人	本 人	住　　所 （法人の所在地）	〒 1 5 2 － 8 5 2 7 東京都目黒区目黒本町二丁目26番14号
		（フリガナ）	タナカ　タロウ ／ カブシキガイシャ　タナカショウジ
		氏　　名 （法人の名称等） ※法人の場合，代表者の資格及び氏名も記載すること。	（個人の場合）田 中 太 郎 ㊞ （法人の場合）株式会社 田中商事 　　　　代表取締役 田 中 太 郎 [田中商事] 日中連絡先電話番号　03（5721）6395
	代 理 人	住　　所 （法人の所在地）	〒 1 0 0 － 8 9 2 0 東京都千代田区霞が関一丁目1番4号
		（フリガナ）	スズキ　ジロウ
		氏　　名 （法人の名称等） ※法人の場合，代表者の資格及び氏名も記載すること。	鈴 木 次 郎 ㊞ 　　　　　　　　　　　　　　　㊞ 日中連絡先電話番号　03（3581）5411

注　　　意

1　入札書は，一括売却される物件を除き，物件ごとに別の用紙を用いてください（**鉛筆書き不可**）。
2　事件番号及び物件番号欄には，公告に記載された番号をそれぞれ記載してください。事件番号及び物件番号の記載が不十分な場合，入札が無効となる場合があります。
3　入札価額は算用数字ではっきりと記載してください。**入札価額を書き損じたときは，新たな用紙に書き直してください。**
4　（個人の場合）　氏名及び住所は，**住民票のとおり正確に記載**してください。
　（法人の場合）　名称，所在地，代表者の資格及び氏名は，**資格証明書（代表者事項証明，全部事項証明等）のとおり正確に記載**してください。
5　代理人によって入札するときは，本人の住所（所在地），氏名（名称等）のほか，代理人の住所（所在地），氏名（名称等）を記載し，代理人の印を押してください。
6　入札書を入れた封筒は，**必ず糊付けして密封してください。**
7　一度提出した入札書の**変更又は取消しはできません。**
8　資格証明書，住民票（マイナンバーが記載されていないもの），委任状，振込証明書，暴力団員等に該当しない旨の陳述書等は必ず入札書とともに提出してください。**提出がない場合，入札が無効**となります。
9　振込証明書によって保証を提供する場合の金融機関への振込依頼は，必ず，「電信扱い」又は「至急扱い」としてください。**翌日扱い等の事由により，入札期間後に入金された場合，入札が無効となります。**

参考 入札保証金振込証明書

（期間入札振込専用）　　　　　　　　　　　　　　　東 京 地 方 裁 判 所

入　札　保　証　金　振　込　証　明　書		管理番号	

<table>
<tr><td rowspan="4">入札保証金提出者
（買受申出人）</td><td>本　人　の
住　所</td><td>1 5 2 - 8 5 2 7
東京都目黒区目黒本町二丁目26番14号</td><td>事件番号</td><td>令和 ○ 年（ケ）
第　1234　号</td></tr>
<tr><td>フリガナ</td><td>タナカ タロウ／カブシキガイシャ タナカショウジ</td><td>物件番号</td><td>公告書記載の番号
第　1，2　号</td></tr>
<tr><td rowspan="2">氏　　　名
会社等法人の名称、代表者の氏名</td><td>（個人の場合）田中 太郎</td><td rowspan="2">開札期日</td><td rowspan="2">令和 ○ 年 ○月 ○日</td></tr>
<tr><td>（法人の場合）株式会社 田中商事
　　　　　　　代表取締役 田中 太郎</td></tr>
<tr><td></td><td>連絡先電話番号</td><td>03 － 5721 － 6395 （　　　）</td><td></td><td></td></tr>
</table>

保証金の返還請求	返還事由が生じたとき、この保証金は振込みにより払い渡してください。			
	振　込　先　金　融　機　関　名	口座名義人の住所	1 5 2　　8 5 2 7 東京都目黒区目黒本町二丁目26番14号	
	○○ 銀行　　　　×× 店 　　　金庫　　　　　　営業部 　　　組合	フリガナ	タナカ タロウ	
		口座名義人の氏名	田中 太郎	
	預金種別　普通・当座・通知・別段	連絡先電話番号	03 － 5721 － 6395 （　　　）	
	口座番号　1234567			

受　理	年　　月　　日	執行官印	開札の結果		備　考	
振込確認年月日 受入年月日			出　納　官 吏　　　印		種目	買受申出保証金

太枠内は，買受申出人が記入してください。
記入に際しては，裏面の注意事項をよくお読みください。

割印

割印

金融機関の証明書（保管金受入手続添付書）の貼り付け箇所

　入札保証金を執行裁判所の預金口座に振り込んだ旨の証明として，振込みを依頼した金融機関から交付を受けた「保管金受入手続添付書」（原本）を，このわく内に左上をそろえて貼り付けて差し出してください。貼り付けるときは，周囲をのり付けして，確実に貼り付けた上，割印を押してください。
　なお，振込みについては，裏面の注意事項をよく読んで，間違いのないようにしてください。

書式10　入札書（共同入札用）

入　札　書（共同入札用）

令和 ○ 年　5月　10日

東京地方裁判所立川支部執行官　　殿

事件番号	令和 ○ 年（ケ）第　○○○ 号	物件番号	1

<table>
<tr><td rowspan="12">入　札　人</td><td rowspan="4">本</td><td>住所又は所在地</td><td colspan="2">東京都○○○○○○</td></tr>
<tr><td>（フリガナ）
氏名又は名称</td><td colspan="2">オツヤマ ナツオ
乙山 夏夫　　　　　　　　　　㊞</td></tr>
<tr><td rowspan="2">代表者の資格及び氏名（法人の場合のみ記載）</td><td colspan="2"></td></tr>
<tr><td colspan="2">電話○○○（○○○）○○○○</td></tr>
<tr><td rowspan="4"></td><td>住所又は所在地</td><td colspan="2">東京都○○○○○○</td></tr>
<tr><td>（フリガナ）
氏名又は名称</td><td colspan="2">オツヤマ アキコ
乙山 秋子　　　　　　　　　　㊞</td></tr>
<tr><td rowspan="2">代表者の資格及び氏名（法人の場合のみ記載）</td><td colspan="2"></td></tr>
<tr><td colspan="2">電話○○○（○○○）○○○○</td></tr>
<tr><td rowspan="4"></td><td>住所又は所在地</td><td colspan="2">東京都○○○○○○</td></tr>
<tr><td>（フリガナ）
氏名又は名称</td><td colspan="2">オツヤマ フユオ
乙山 冬男　　　　　　　　　　㊞</td></tr>
<tr><td rowspan="2">代表者の資格及び氏名（法人の場合のみ記載）</td><td colspan="2"></td></tr>
<tr><td colspan="2">電話○○○（○○○）○○○○</td></tr>
</table>

代理人	住　　　所	㊞
	氏　　　名	電話　　（　　）

入札価額	十億	億	千万	百万	十万	万	千	百	十	円
			2	2	0	0	0	0	0	1

保証の提供方法	☑ 振込証明書 □ 支払保証委託契約締結証明書	保　証　の　額

		十億	億	千万	百万	十万	万	千	百	十	円
					4	0	0	0	0	0	0

※必ず裏面の注意書きを参照して，誤りのないように記載してください。

共 同 入 札 買 受 許 可 申 立 書

東京地方裁判所立川支部執行官　　殿

令和 ○ 年 5 月 10 日

事 件 番 号	令和 ○ 年（ケ） 第 ○○○ 号		
物 件 番 号	1		
開 札 期 日	平成 28 年 5 月 20 日		

申立人・持分の割合	1	住所	東京都○○○○○○	持　分（分数で表示） $\frac{1}{3}$
		電話	○○○－○○○－○○○○	
		氏名	乙山 夏夫　　　　　㊞	
	2	住所	東京都○○○○○○	持　分（分数で表示） $\frac{1}{3}$
		電話	○○○－○○○－○○○○	
		氏名	乙山 秋子　　　　　㊞	
	3	住所	東京都○○○○○○	持　分（分数で表示） $\frac{1}{3}$
		電話	○○○－○○○－○○○○	
		氏名	乙山 冬男　　　　　㊞	

共同入札の事由	申立人の続柄	本人、配偶者、子
	入札物件との関係	
	買受後の利用予定	

添付書類	住 民 票 **3** 通 ・ 戸籍謄抄本 **3** 通
	資格証明書 　　 通 ・ その他 　　 通

執行官の処分	□ 許可する	平成 　年 　月 　日
	□ 許可しない	東京地方裁判所立川支部　　　　　　　　執行官　　　　　　㊞

＊ 3人以上で入札する場合には「入札書・共同入札許可申立書」を複数お使いの上、それぞれに割印を押してください。

資料　振込依頼書／封筒サンプル

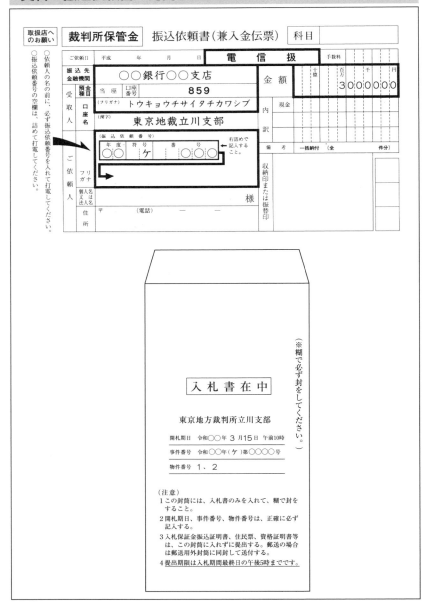

取扱店へ
のお願い

裁判所保管金　振込依頼書（兼入金伝票）　科目

○振込依頼番号の空欄は、詰めて打電してください。
○依頼人の名の前に、必ず振込依頼番号を入れて打電してください。

ご依頼日　平成　　年　　月　　日

電　信　扱　手数料

振込先
金融機関　○○銀行○○支店

金額　3000000

受取人

預金
種目　当座
口座
番号　859

（フリガナ）　トウキョウチサイタチカワシブ

内訳

現金

口座名
（漢字）　東京地裁立川支部

ご依頼人

（振込依頼番号）
年度　符号　番号　号
○○　ケ　○○○

右詰めで記入すること。

備考　一括納付（全　　件分）

収納印または振替印

フリガナ

個人名又は法人名　　　　　　　　　様

住所　〒　　　（電話）　　─　　─

※糊で必ず封をしてください。

入 札 書 在 中

東京地方裁判所立川支部

開札期日　令和○○年 3 月15日 午前10時

事件番号　令和○○年（ケ）第○○○○号

物件番号　1、2

（注意）
1 この封筒には、入札書のみを入れて、糊で封をすること。
2 開札期日、事件番号、物件番号は、正確に必ず記入する。
3 入札保証金振込証明書、住民票、資格証明書等は、この封筒に入れずに提出する。郵送の場合は郵送用外封筒に同封して送付する。
4 提出期限は入札期間最終日の午後5時までです。

15

代金の納付はどうする

ローンで競売物件を買い受けることができる

■ 添付書類、登録免許税、郵便切手を納付する

　競売が終了し、売却許可決定がなされると、買受人となった者に対して、代金納付期限通知書が送付されてきます。買受人は、代金納付期限通知書に記載されている期限までに、すでに支払っている保証金を控除した代金および必要な添付書類、登録免許税、郵便切手を裁判所の会計部に納付します。

　登録免許税や郵便切手は必要経費ですが、買受人の利益に使用されるものなので、買受人が負担することになっています。

① 　添付書類

　代金納付に際して、買い受ける不動産の登記事項証明書、住民票（買受人が法人の場合は商業登記事項証明書）、固定資産評価証明書を添付します。

② 　登録免許税

　買い受けられた不動産の所有者名義を買受人に移すために、登録免許税が必要になります。この場合の登録免許税は、原則として固定資産評価額の1000分の20とされています。

　ただ、競売の時点で対象とされている不動産登記に、仮登記や抵当権登記などが負担されている場合には、それらの抹消登記もしなければなりません。そのため、一筆につき1000円程度の登録免許税がさらに要求されます。

　トータルでいくらの登録免許税が必要になるのかについて、裁判所に事前に問い合わせておきましょう。

③ 　郵便切手

裁判所から法務局（登記所）に対して登記を嘱託したり、買受人に対して登記後に権利証（登記識別情報）を送付するときに、郵送料が必要になります。その分の郵便切手を、代金とともに納付します。どれだけ用意すべきかは、裁判所に確認しましょう。

■ ローンを組む場合には

　以前は、競売物件を手に入れるには、一括して代金を支払えるだけの資力が必要でした。つまり、通常ローンを組んで不動産を購入する場合、所有権登記を移転すると同時に金融機関に設定した担保権も登記しなければ、原則として金融機関は融資をしてくれません。これまでの競売では、買受けと同時に担保権の設定ができず、買受人に所有権移転登記がなされた後でしか設定登記ができませんでした。このことが、ローンを組むことによる買受けを妨げる要因となっていたのです。

　しかし、より多くの人が競売に参加することができるように、競売円滑化法が制定され、それに伴い民事執行法が改正されて（民事執行法82条2項）、ローンを組んで買受けをすることがしやすくなりました。つまり、買受人に所有権移転登記をすると同時に、担保権の設定登記もできるようになったのです。

　手続きとしては、買受人と融資をする金融機関が共同して指定した弁護士か司法書士が、裁判所から所有権移転の嘱託書の交付を受けて、買受人への所有権移転登記を申請するとともに、抵当権などの担保権設定のための登記申請もすることになります。

　この手続きを利用する場合、買受人と金融機関は弁護士か司法書士を指定した上で、連名で裁判所に対して申し出ることになります。申出は「民事執行法82条2項の規定による申出書」（次ページ）と「指定書」（116ページ）を作成、提出して行います。このとき、資格証明書や担保権設定契約書のコピーを添付します。

民事執行法８２条２項の規定による申出書

東京地方裁判所民事第２１部裁判所書記官　殿

令和○年４月10日

東京都品川区平塚４丁目１番３号

申出人（買受人）　広田　　豊　㊞

東京都渋谷区上原４丁目５番１号

申　出　人　株式会社神山銀行

代表者代表取締役　西原　明夫　㊞

　貴庁令和 ○年（ケ）第○○○○号不動産競売事件について，申出人（買受人）広田　豊と申出人株式会社神山銀行との間で，別紙物件目録記載の不動産に関する抵当権設定契約を締結しました。

　つきましては，民事執行法８２条１項の規定による登記の嘱託を，同条２項の規定に基づき，申出人の指定する下記の者に嘱託書を交付して登記所に提出させる方法によってされたく申し出ます。

記

申出人の指定する者の表示及び職業

東京都渋谷区上原５丁目３番２号山田司法書士事務所

司法書士　　　山田　智子

（電話０３－××××－××××）

添付書類

1　資格証明書　　　　　　　１通

2　抵当権設定契約書写し　　１通

以　　上

指　定　書

東京地方裁判所民事第２１部裁判所書記官　殿

令和○年５月１０日

東京都品川区平塚４丁目１番３号

申出人（買受人）　　広田　　豊　㊞

東京都渋谷区上原４丁目５番１号

申　　出　　人　　株式会社神山銀行

代表者代表取締役　　西原　　明夫　㊞

　申出人は，貴庁令和　○　年（ケ）第○○○○号不動産競売事件の別紙物件目録記載の不動産について，民事執行法８２条２項の規定に基づき，嘱託書の交付を受ける者として下記の者を指定します。

記

申出人の指定する者の表示及び職業

　　　　東京都渋谷区上原５丁目３番２号山田司法書士事務所

　　　　　　司法書士　　　山田　智子

　　　　　（電話０３−××××−××××）

以　　　上

16

配当金を受領する手続きについて知っておこう

最終的に債権額を計算しなければならない

配当期日呼出状が送られてくる

売却許可決定が下されて、買受人が代金を納付すると、いよいよ債権者が待望していた**配当**になります。

買受人による代金の納付後、その代金を元として債権者への配当を実施する日つまり配当期日が決定され、裁判所から債権者へ呼出状が送られてきます。このとき、配当を受ける際に必要な**債権計算書**（120ページ）も提出するように催告されます。

なお、ここでは大雑把な使い方をしていますが、厳密には、債権者の数と負債総額を完済できるかどうかで用語は異なっています。債権者が1人の場合と、債権者が2人以上であっても売却代金で負債総額を完済できる場合には「弁済金の交付」と呼んでいます。

一方、債権者が2人以上で、売却代金が負債総額に充たず、優先順位なり按分比例（債権額に比例して配分すること）なりによって分配される場合には「配当」と呼んでいます。ほとんどのケースでは、全額を完済することができないのが実情です。「配当」と「弁済金の交付」の違いは、「配当」の場合は、他の債権者への配当額に不服があるときに配当異議の申出ができる点にあります。

債権計算書の提出をする

配当とは、最終的に確定された債権額に応じて、売却代金から支払いがなされる手続きです。当然のことですが、その前提として債権額が明確にされる必要があります。貸金の元金や売買代金などは、もともと金額がはっきりしているので問題はありません。

しかし、時間の経過とともに増加する利息や損害金は、強制競売の過程では、まだはっきりとしていません。また、執行のための費用もかかっているはずです。そこで、配当を実施する際には、債権者は、配当期日を基準とした債権額を計算した書面を提出することになっているのです。

　債権計算書には、事件番号、日付、債権者の住所・氏名・押印・電話番号、債権額合計、債権の発生年月日・原因、元金現在額、利息の利率・現在額、損害金の現在額、執行費用などを記載します。計算間違いのないように注意し、検算した上で記入するようにしましょう。

　なお、債権計算書は、配当期日が通知されてから1週間以内に提出することになっています。

　配当期日には、各債権者が出席した上で、それぞれに対する配当に問題がないかを確認します。つまり、裁判所書記官が、債権者各自にいくらの配当がなされるのかを記載した一覧表である配当表を閲覧できるようにします。配当について各債権者が異議を述べなければ、配当表どおりに弁済金が交付されることになります。

　交付を受ける際には、請求書や領収書に必要事項を記載し、署名押印して、裁判所書記官に提出します。請求書と領収書は裁判所で用意されています。

　以上の手続きが済んだ後に、裁判所の会計部から支払いを受けます。振込や小切手などで支払いがなされます。

配当表に異議がある場合

　配当表に異議がある旨が述べられると、その部分については配当が留保されます。そして、異議申立者は、それから1週間以内に配当異議訴訟を提起することができます。訴訟の場で決着をつけるわけです。1週間以内に訴訟が提起されなければ、異議は取り下げられたものとみなされます。

配当期日		午前		事件番号	令和○年（リ）第	号外 件
担当書記官				債務者	宇田　政明	

債権計算書

東京地方裁判所民事第21部　御中　　　　　　　　令和○年 11 月 7 日

住所　渋谷区桜丘町２丁目１番１号

氏名　笹山　照夫　　　　　　　　　㊞

電話　03-XXXX - XXXX

債権額の計算は下記のとおりです。

債権額合計　金　　2,200,000　　円

元金番号	債権発生年月日及びその原因	元金現在額	債務名義・仮差押命令または担保権の表示
(例)	H30.3.1付売買契約	2,000,000	東京地裁R1ワ99999和解調書
合　計		2,000,000円	

元金番号	期間	日数	利率	利息・損害金の別	利息・損害金現在額
(例)	H30.3.1～H31.3.1	365	年10%	損害金	200,000

合　計	利　息	□年365日の特約あり	円
	損害金	□年365日の特約あり	200,000円

執行費用合計　金		円

備　考	□前回の配当または差押命令発令以後入金なし

任意売却とはどんな手続きなのか

　不動産を売却するにあたって、実務上よく行われる手続きに任意売却があります。

　任意売却とは、競売によることなく、物件所有者（債務者）と債権者が協力して、物件を売却する手続きです。

　競売によって債権の回収を図ろうとする場合、法律に従った手続きを経なければなりません。競売の申立を行ってから落札するまでに要する期間も長く、最低でも６か月程度、長い場合には２、３年経過してしまうこともあります。また、競売の申立てを行う時に、登録免許税（登記をする際に納める税金）や予納金（競売を申し立てる時に債権者が裁判所に納める費用）などを準備しなければなりません。

　このように手間や時間、費用がかかるだけでなく、競売にかける不動産の売却基準価額も市場の評価額から比べると６、７割程度と低くなってしまうのが通常です。

　一方、任意売却は、裁判所を通す必要はなく、競売のように複雑な手続きはありません。

　債権者は、買受人探しから、物件所有者、他の債権者、買受人との交渉まで、すべて自分で（あるいは不動産業者の協力を得て）行わなければなりません。不動産の所有者の同意や他の抵当権者などの利害関係人間の調整も必要です。ただし、こういった調整をスムーズに行うことができれば、手早く売却を行うことも可能です。売却基準価額が定められているわけでもありませんから、その不動産を欲しいと思う買受人が現れれば、適切な金額で売却される可能性も高くなります。

　こうした事情から、なるべく多くの債権を短期間で回収したい債権者としては、競売ではなく任意売却によって債権を回収できないかについて検討することになります。

第 3 章

担保権の実行としての
不動産競売

担保とはどのような権利なのか

抵当権・根抵当権は一番よく利用される担保権である

抵当権とは何か

　契約の相手方が倒産するなど、返済が困難になった場合のリスクを回避する手段として活用されるのが**担保**です。多額の資金を貸し出す際には、相手方から確実に代金を回収できるようにするため、融資に際して何らかの担保をとるのが取引社会の常識です。

　担保には保証人・連帯保証人などの人的担保と、抵当権・根抵当権といった物的担保があります。

　抵当権とは、貸金などの債権を担保するために、債務者の土地や建物に設定される権利です。債務者が債務を返済しない場合には、抵当権者（＝債権者）は、抵当権設定者（＝債務者）の土地・建物を競売し、その売却代金から債権の回収を図ります。抵当権には、抵当権設定後も債務者が従来通りに目的物を使用・収益することができ、そこから債務の弁済資金を得ることができるという利点があります。抵当権は、「担保の女王」などと呼ばれ、実務上多く利用される担保物権です。担保としての機能が優れているので、実際の取引において最もよく利用されています。

　なお、抵当権には、大きくわけて通常の抵当権と根抵当権の2種類があります、一般に抵当権という場合には、通常の抵当権のことを指します。

抵当権の効力

　まず、抵当権の一番重要な効力が優先弁済権です。これは、債務者が返済しないときに、抵当権の設定された不動産を換価処分（＝競

売）して、その代金から他の債権者に優先して債権の弁済を受けられるという効力です。さらに、抵当権の登記がなされているのであれば、抵当権の設定された不動産を債務者が第三者に売却しても、その不動産に対する抵当権の効力は第三者にも及びます。

また、抵当権には**物上代位**という効力も認められています。これは、抵当権の目的物に代わる金銭にも抵当権の効力が及ぶというものです。たとえば、抵当権の目的物である建物が火災により滅失したために、火災保険金が債務者に支払われるとします。このとき、抵当権者はその火災保険金を差し押さえて、自己の債権への優先的な弁済に充てることができます。

▍抵当権を設定する

抵当権は、貸金債権などを担保するために設定されます。抵当権によって担保される債権のことを**被担保債権**といいます。たとえば、AがBに5000万円の貸金債権を持っていたとします。これについて、抵当権を設定するには、AとBが抵当権設定契約を締結して、Bの所有する不動産に抵当権の登記をします。その結果Aは5000万円を被担保債権とする抵当権をBに対してもつことになります。

■ 抵当権とは ……………………………………………

①5000万円の貸金債権
（被担保債権）

Aさん
（貸し手、抵当権者）

②抵当権

Bさん
（借り手、抵当権設定者）

甲　土地
（所有者はB）

AはBと①貸金契約（金銭消費貸借契約）と②抵当権設定契約を結ぶ。Aさんを「抵当権者」、Bさんを「抵当権設定者」、5000万円の貸金債権を「被担保債権」という。

この場合、Bが5000万円を弁済したのであれば、Aがもっていた抵当権は消滅します。以上が、原則的な抵当権の設定手順です。

物上保証と共同抵当について

原則的ではない抵当権の設定として物上保証と共同抵当というものがあります。

① 物上保証

物上保証とは、債務者以外の第三者が所有する目的物に抵当権を設定することです。たとえば、AがBに対して5000万円の貸金債権をもっている例で借り手であるB所有の不動産に抵当権を設定するのではなく、第三者CがC所有の土地にAの抵当権を設定することもできます。

Cのように他人の債務を担保するために自己の不動産に抵当権を設定させる者を**物上保証人**といいます。もし、Bが貸金債務を弁済しない場合には、AはCの土地を競売して、その売却代金から自己の債権を回収することができます。

② 共同抵当

共同抵当とは、1つの債権を担保するために複数の不動産に抵当権を設定することです。債務者の1つの土地だけでは、債権額を担保するのに不十分な場合や、土地とその上の建物の両方に抵当権を設定する場合などに利用します。たとえば、AがBに5000万円の貸金債権をもっているとします。

このとき、Bが所有する甲地の評価額が3000万円で、乙地の評価額が2000万円だとすれば、甲地・乙地は単独では債権の担保として金額が不足しています。

しかし、甲地と乙地とに「共同抵当」を設定すれば、あわせて5000万円の評価額となり、被担保債権を担保するのに十分な金額になります。このような共同抵当では、Bが貸金債権を返済しない場合には、

Aは甲地と乙地の両方を競売することができます。ただ、共同抵当は登記上明示しておく必要があります。

抵当権の目的物について

抵当権の目的物は、不動産以外のこともありますが（船舶など）、一般的には不動産です。

そして、抵当権を設定する際には、目的不動産をどの程度の価値で評価するかが重要になります。

■ 物上保証とは

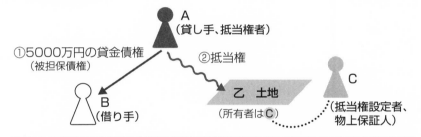

①AはBと金銭消費貸借契約を結ぶ。②さらにAはCと抵当権設定契約を結ぶ。

■ 共同抵当とは

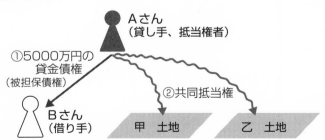

①AはBと金銭消費貸借契約を結ぶ。
②さらにAは甲地、乙地の所有者と抵当権設定契約を結ぶ。

というのは、実際の競売における競落価格が常にその評価額以上とは限らないからです。仮に、5000万円の被担保債権のために6000万円と評価した土地に抵当権を設定したとします。数字の上では、十分な担保権を設定したことになります。

　しかし、実際の競売で競落価格が3000万円であった場合には、その限度でしか抵当権による債権回収はできません。残りの2000万円については、無担保の債権として残ってしまいます。そこで、抵当権の設定の際に目的不動産の価値を過大に評価しないように注意する必要があります。

抵当権の順位について

　抵当権の順位とは、1つの不動産に複数の抵当権が設定されている場合の各抵当権に与えられる順位のことです。そして、その順位は抵当権の登記がなされた先後で決まります。このような順位が問題となる理由は、1つの不動産に複数の抵当権が設定されている場合、競売がなされた際の売却代金が抵当権の順位に従って各抵当権者に支払われるからです。これを配当といいます。

　つまり、配当の優先順位は、登記順位に従って決まるのです。

　たとえば、甲土地に第1順位の抵当権（抵当権者A、被担保債権5000万円）、第2順位の抵当権（抵当権者B、被担保債権3000万円）が設定されていたとします。

　このとき、その土地の競落価格が7000万円だとすれば、その金額は、まず第1順位の抵当権者Aに5000万円配当され、次に残りの2000万円が第2順位の抵当権者Bに配当されます。しかし、Bの残り1000万円については、無担保の債権となります。

　以上のように、ある不動産に対する抵当権者にとっては、その不動産の評価額だけではなく、自分の抵当権の順位も極めて重要になるのです。

根抵当権について

　根抵当権とは、特定の取引から生じる多数の債権について、一定の限度額（極度額）まで担保する形式の抵当権です。

　通常の抵当権とは、次のような違いがあります。通常の抵当権は、被担保債権が個別に特定されており、その債権を担保するために設定され、その債権が弁済などで消滅すれば抵当権も消滅します。

　これに対して、根抵当権では、特定の取引に属する債権であれば、個々の債権を特定することなく複数の債権を極度額に至るまで担保することができます。

　さらに、通常の債権と異なり、被担保債権の金額がゼロになっても根抵当権は消滅しません。つまり、根抵当権では、被担保債権の額が日々増減してもよく、たとえ被担保債権の金額がゼロになっても再び増加する限りは、極度額までの担保権として働くのです。

　言い換えると、根抵当権は極度額という「枠」を設定して、その枠の内部であれば、被担保債権が増減したり入れ換わったりすることのできる権利です。根抵当権は、継続的な取引をしている債権者が債務者に対する債権を一括して担保するのに有益な制度です。

■ 抵当権の順位 ·······································

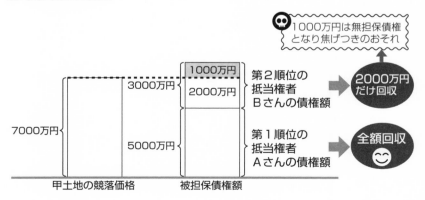

根抵当権を設定する

　根抵当権は、債務者に対する債権であれば何でも担保するのではありません。ある「範囲」を決めて、その範囲に属する債権であれば、増減したり入れ換わった場合であっても担保されます。

　たとえば、A社とB社が継続的に取引をしており、A社がB社に対して常に売掛金債権をもっているとします。そして、個々の売掛金債権が増減したり入れ換わったりするような場合には、根抵当権の被担保債権の範囲を「令和○年○月○日付継続的売買契約」というように決定し、その契約から生じる債権を被担保債権とする旨を根抵当権設定登記の内容とします。

　また、根抵当権は、債務者の不動産に一定の担保「枠」を設定するものですから、その金額（極度額）も根抵当権の設定に際して決めなければならず、極度額も根抵当権設定登記の内容となります。

　根抵当権では、極度額という枠が設定されますが、実際の被担保債権は常に変動しており、担保される債権は一定の範囲のものに限定されます。

　ですから、根抵当権の設定に際しても、被担保債権の「範囲」と**極度額**を定めることが必要となり、それらが登記事項とされているのです。

元本を確定する

　根抵当権は元本の他、利息・遅延損害金をすべて極度額まで担保します。元本は一定の事由があると確定します。

　元本が確定すると、その額の債権を被担保債権とする通常の抵当権とほぼ同様に扱うことができます。

　たとえば、極度額が6000万円の根抵当権について元本が5500万円と確定されたのであれば、その後は5500万円の債権を担保する通常の抵当権と同じように考えればよいのです。

　このような元本の確定が生じる原因には、いくつかありますが、主

なものを挙げると、まず、根抵当権設定時に債権者と債務者があらかじめ定めておいた「確定期日の到来」が挙げられます。

また、一定の場合に根抵当権設定者が「元本確定請求」をした場合にも根抵当権の被担保債権は確定します。

なお、前述した以外の点では根抵当権も通常の抵当権と同様に扱えます。たとえば、債務者以外の第三者の不動産に対しても設定できることや、順位と配当については登記の順位によることなどです。

■ 根抵当権とは

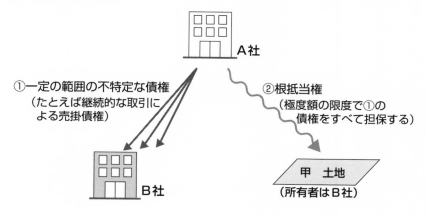

①一定の範囲の不特定な債権
（たとえば継続的な取引による売掛債権）

②根抵当権
（極度額の限度で①の債権をすべて担保する）

■ 根抵当権の実行

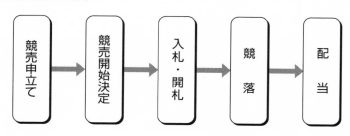

2 担保権の実行としての不動産競売について知っておこう

基本的な手続きは強制競売とあまり変わらない

■ 担保権の設定を受けているときには

　不動産を競売にかけて、売却代金から配当により債権を回収する方法は、強制競売（強制執行）だけではありません。もともと不動産について抵当権などの担保権の設定を受けている債権者であれば、担保権の実行としての不動産競売手続を利用することができます。

　そのしくみを説明すると以下のようになります。

　AがB銀行に借金1000万円の申込みをしました。しかし、B銀行も簡単に貸すわけにはいきません。Aから後日返してもらう保証をとりつけなければ、怖くて貸すことができないと考えるのが普通です。

　そこで、Aは、B銀行を安心させるために、自分が所有している2000万円のアパートを担保に差し出しました。つまり、「自分は2000万円のアパートを差し出すから、もし1000万円を返せなくなったら、そのアパートを売り払って代金を回収してください」というわけです。

　B銀行はAが所有するアパートに抵当権を設定します。

　Aは約束の返済期日になっても、B銀行にお金を返すことができません。そこでB銀行は裁判所に対して、競売手続の申立てをします。

　つまり、「Aに1000万円貸したが、返してもらえない。そこで、抵当権を設定している2000万円のアパートをだれかに売り払ってお金に代えたいので、手続をとってください」と依頼するわけです。その依頼に基づいて裁判所は、Aのアパートを売却します。

　かつての民法は、たとえ抵当権の設定後であっても抵当不動産に設定された短期賃借権（土地は5年、建物は3年）については、買受人に対抗（主張）できるとされていました。また、建物所有者が第三者

であれば一括競売（更地の土地に抵当権を設定した後に土地上に建物が建築されても、土地建物の所有者が同一であれば、双方を同時に競売にかけることを認める制度のこと）ができなかったため、競売を妨害する手段として悪用されていました。しかし、平成15年の法改正により短期賃借権の制度は廃止され、第三者が建築した場合も一括競売が認められるようになったため、現在では担保権の実行としての不動産競売も、かなり円滑に進められるようになっています。

強制競売と担保権の実行の異同

　強制競売と担保権の実行は似ていますが、完全に同じではありません。以下で違いと類似点を見ていきましょう。

①　強制競売との違い

　強制競売は、債権者がすでに獲得している債務名義を根拠にして、強制的に不動産を売却してしまう手続きでした。

　これに対して、担保権の実行としての不動産競売は、設定された担保権につけられている優先弁済権が根拠となっています。

　つまり、強制競売では、債務者の不動産を売却する場合、あらかじめ債務名義を取得するために、裁判を提起しなければなりませんが、担保権の実行の場合には、債務名義は必要なく、一定の要件（次ページ）を満たせば、すぐに債務者の不動産を売却することができます。

②　強制競売との類似点

　強制競売も担保権の実行としての不動産競売も、結局のところ不動産を競売にかけて売却し、その代金を元に債権の回収を図るという点では同じだといえます。

　しかも、債権者からの申立てに始まり、差押え→競売→配当という手順も異なりません。そのため、双方とも民事執行法で規定されていて、担保権の実行としての不動産競売の手続きは、強制競売の手続きを準用する形をとっています。この2つの競売手続は、もともと別の

法律に規定されていたのですが、手続きの統一性を図るために、今では民事執行法で取り扱っています。

■ 担保権を実行するための要件

担保権を実行するための要件として、以下のものが挙げられます。

① 被担保債権及び担保権が有効に存在すること

第一に、担保権は債権を担保するためにこそ存在する権利なので、前提として、被担保債権（担保権により担保される債権）が存在していることが必要不可欠です。当初から、債権が存在しないのに、抵当権設定契約が結ばれていたとしても、その抵当権は無効です。

また、いったん債権が成立していたとしても、その後に弁済されたりしたため、債権が消滅した場合には、抵当権も消滅します。

もし、被担保債権が存在していないにもかかわらず、担保権の実行が申し立てられると、債務者（不動産の所有者）から異議が申し立てられて、競売開始決定が取り消されてしまうことになります。

また、被担保債権が有効に存在していても、抵当権自体が有効に成立していなければ実行は許されません。たとえば、抵当権設定契約が強迫によって締結されていて取り消された場合は、債務者の異議申し立てにより競売開始決定も取り消されます。

そして、実行の申立てをするにあたって、担保権の存在を証明する書類を提出します。通常は、担保権の設定に伴い登記がされているはずなので、不動産の登記事項証明書を提出します。

担保権の設定について、登記はあくまでも第三者に対して権利を主張するための対抗要件にすぎないので、登記がなくても担保権の実行を申し立てることはできます。

しかし、未登記あるいは仮登記の担保権については、より強い証明力のある証明書の提出が要求されています。つまり、確定判決（不服申立てができなくなった判決）または公正証書（公証人が作成する文

書）の提出が必要になります。この点については、以前は手続的にかなり緩やかだったのですが、現在では厳格な証明が要求されています。

② 被担保債権が履行遅滞にあること

①の担保権が存在することの前提として、被担保債権が有効に存在していることを述べました。ただ、被担保債権については、有効に存在していればよいというものではなく、債務者が履行遅滞（履行期に債務を払わないこと）に陥っていることが必要とされます。

履行遅滞は、単に債務者が期限を守っていないだけではなく、それが違法であることが必要です。

また、債務が分割払いの形式をとっている場合には、期限の利益喪失約款が問題となります。**期限の利益喪失約款**とは、債務者が分割払いを怠ると、残金全額について弁済の期限が到来するという契約上の定めです。たとえば、令和4年5月に、120万円を借りたとします。令和4年6月から12回払いで毎月10万円を返済し、期限の利益は、返済が2か月滞った場合に喪失するとします。

令和4年7月までは、順調に返済していたものの、令和4年8月から返済が止まりました。9月も返済をしませんでした。2か月間返済

■ 担保権の実行要件 ・・・

実行要件

担保権が有効に存在すること
・前提として被担保債権の存在が必要
・担保権の存在を示す登記事項証明書などを提出する

被担保債権が履行遅滞にあること
・弁済期限が過ぎても弁済を行わないこと
・弁済を行わないことが違法であることが必要

が滞ったため、期限の利益を喪失しました。この場合、期限の利益喪失により、残りの債務額100万円を一括で支払わなければなりません。分割払いの支払形式をとっている契約では、この期限の利益喪失約款を採用しているケースが非常に多いです。債務者に全額支払義務が生じるには、債権者によるその旨の意思表示が必要とされている場合と、意思表示は必要なく自動的に生じる場合とがあります。期限の利益喪失により債務者が履行遅滞に陥っている場合には、その旨も申立書に記載して明確にしなければなりません。

■ 期限の利益喪失約款 ·····································

第○条（期限の利益喪失）　乙が次に掲げる事項の一に該当した場合には、甲は何らの催告をせず、乙において当然に期限の利益を失わせ、乙は、本契約によって甲に対して負担する一切の債務を直ちに弁済すべきこととする。
①本契約に基づく債務の支払いを1回でも怠ったとき
②他の債務につき仮差押、仮処分、または強制執行を受けたとき
③自己の振り出した手形、小切手が不渡りとなったとき

■ 期限の利益の喪失 ·····································

2か月連続で不払いがあった場合、当然に期限の利益を喪失するという約款の場合

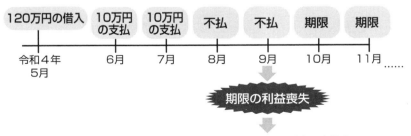

抵当権消滅請求とはどんな制度なのでしょうか。

　　抵当権が設定されている不動産も、売買することは当然でき
　　ます。そして、第三者に所有権が移転した後でも、抵当権を
実行して不動産を競売にかけることはできます。ただ、不動産を取得
した第三者にも、不動産の所有権を確保する機会を与えるべきとの観
点から、抵当権消滅請求の制度が設けられています。

　これは、抵当権が設定された不動産（抵当不動産）を取得した第三
者（第三取得者）が、不動産を取得した金額または第三取得者自らが
抵当不動産を評価した額を提供することを申し出て、抵当権者がこれ
を受領する場合に、抵当権の抹消を認める制度です。この抵当権消滅
請求は、抵当権の実行としての競売による差押えの効力が発生する前、
つまり、差押えの登記がなされる前に行う必要があります。

　抵当権消滅請求の手続きは、抵当不動産を買い受けた、もしくは贈
与された第三取得者が、抵当権などの登記をした債権者に対し、一定
の書面を送付することから開始します。このとき登記した債権者が複
数名いる場合は、その全員に書面を送付することが必要です。書面を
受け取った債権者は、第三取得者からの申出を承諾するか、あるいは
これを拒否して、競売手続きを行うかを選択することになります。競
売手続きを選択した場合は、書面を受け取ってから2か月以内に競売
の申立てを行う必要があります。2か月以内に競売の申立てがなされ
ない場合には、申出を承諾したものとみなされますので、第三取得者
は申出金を支払うか、供託することで、抵当権など登記されている担
保権のすべてを消滅させることができます。

　債権者が承諾した場合も同様に、申出金の支払または供託により、
抹消請求の効果が発生し、抵当権等の担保権はすべて消滅します。な
お、債務者や保証人等は抵当権消滅請求をすることはできません。

3 担保権実行の申立書を作成する

債務者と不動産の所有者が一致していない場合は要注意

▌強制競売の申立書と構成は似ている

　担保権の実行としての不動産競売も、債権者による裁判所への申立書とその添付書類の提出から手続きが始まります。

　担保権の実行としての不動産競売は、担保権のない場合の強制競売と手続きの基本は異なりません。このことを反映して、担保権実行の申立書の構成も、強制競売の申立書と構成は似ています。強制競売の申立書の構成と記載内容については前述しましたので、担保権実行の申立書については、強制競売との相違点を述べておくことにします。

　担保権実行の申立書は、①申立書本文、②当事者目録、③担保権・被担保債権・請求債権目録、④物件目録から構成されています。

　強制競売の場合には、不動産の所有者イコール債務者でしたが、担保権実行の場合は、債務者と不動産所有者が一致しないことがあります。債務者の債務を担保するために、第三者がその所有する不動産に抵当権などを設定するケースです。このような第三者を物上保証人といいます。通常の保証人・連帯保証人も兼ねている場合を別にすれば、債権者と物上保証人の間には、債権債務の関係はありません。強制競売の申立書と異なって、物上保証人に対して担保権の実行をするケースがあるので、当事者の表示では、債務者とは別に所有者が表示されることがあります。

　また、強制競売では執行力の根拠が債務名義なのですが、担保権実行では、担保権および被担保債権の存在が根拠となっているので、その存在を証明する確定判決等の謄本や公正証書の謄本、担保権の登記に関する登記事項証明書等を添付した上で、③担保権・被担保債権・

請求債権目録にその詳細を記載する必要があります。

　担保権の実行としての不動産競売についても、裁判所が申立書の書式を公表していますから、そちらを参考にしてみてください。

申立書本文の記載上の注意点

　申立書本文（141ページ）の内容は、強制競売の申立書本文の内容と類似しています。名宛人として管轄の裁判所の名称を記載し、日付、申立人を記入します。管轄の裁判所は、強制競売と同様、不動産の所在地を管轄する地方裁判所となります。

　担保権実行の場合も代理人による申立ては可能で、その場合には申立債権者代理人として記載し、代理人許可申立書と委任状、従業員証明書等を添付します。

　当事者、担保権・被担保債権・請求債権、物件（目的不動産）については、申立書本文に記載せずに「別紙目録のとおり」とします。

　そして、申立ての趣旨として、債務者が債務を弁済しないため担保権に基づいて競売を求める旨を明記します。また、各種の添付書類とその通数を列挙することになります。

　なお、当該不動産について、別の申立てに基づいてすでに競売開始決定がなされている場合には、その旨も記載することになっていますから注意が必要です。

当事者目録の記載上の注意点

　当事者目録（143ページ）には、対象となる不動産の所有者も記載します。債務者と所有者が常に一致している強制競売の場合と、最も異なっている点です。

　ただ、債務者所有の不動産を競売にかける場合には、「債務者兼所有者」として、住所（所在地）・氏名（名称）を表示します。

担保権・被担保債権・請求債権目録の記載上の注意点

担保権・被担保債権・請求債権目録（143ページ）については、特徴的なのでよく注意して記載しましょう。

① 担保権の記載

担保権の主なものは抵当権と根抵当権なので、これらについて説明します。

抵当権については、登記簿を参照し、設定日と登記されている法務局（登記所）の名称を記載します。出張所で登記されている場合には、出張所名も正確に記載しましょう。また、登記にはそれぞれ受付番号があるので、その番号と受付日付によって登記の特定をします。具体的には「(1)令和○年○○月○○日設定の抵当権 (2)登記東京法務局○○出張所 令和○年○○月○○日受付第○○○号」と記載します。なお、仮登記を経由して本登記がなされている場合は、仮登記についても表示しておきましょう。

根抵当権については、抵当権の場合の表示に加えて、極度額および担保する債権の範囲も記載します。これらについても登記内容となっているので、登記簿に忠実に記載しましょう。

また、極度額は変更されることがあるので、その場合も登記簿にそって変更された旨を記載しましょう。

② 被担保債権と請求債権の記載

まず、被担保債権と請求債権は、多くの場合同一なので、「被担保債権および請求債権」としてまとめて表示します。両者が別個になるのは、被担保債権の一部についてのみ担保権の実行を申し立てるケースです。その場合には、被担保債権と請求債権を別個に表示し、一部請求である旨とその範囲を明示します。

次に、請求債権は、元金、利息、損害金の別に従って表示します。

・元金について

元金については、その発生根拠となる契約を日付、目的金額、契約

名などによって特定して表示します。もし、その一部がすでに弁済されているのであれば、元金（当初の貸金・代金額など）と残金を記載します。たとえば、以下のようになります。

「元金 金○○○万円 ただし、令和□年□月□日付金銭消費貸借契約に基づく貸付金△△△万円の残元金」

なお、企業間では、類似した製品・商品を継続して売買し、そこから発生する複数の債権を集合的に担保するために抵当権・根抵当権が設定されることがよくあります。そのような継続的取引により発生した債権については、取引主体、契約締結の日付、担保の対象となる取引期間、目的物の種類、合計元金、残金を記載して、元金の表示をすることになります。

手形や小切手による取引の場合には、手形要件・小切手要件などによって、請求債権を特定します。

ただ、単純な手形貸付のケースでは、以下のような記載になります。

「元金 金○○○万円 ただし、令和□年□月□日手形貸付の方法により貸し付けた貸金元金」

根抵当権の場合には、複数の債権を極度額を限度として担保するしくみになっています。そのため、「被担保債権および請求債権」の冒頭で、「下記金員のうち極度額○○○万円に満つるまで」と表記してから、元金の特定に入ります。

■ 担保権・被担保債権・請求債権目録の主な記載事項 …………

担保権の記載	登記事項証明書を参照	
被担保債権と請求債権の記載	元金	契約日付、目的金額など
	利息	元金、利息発生期間、利率
	損害金	約定にしたがった損害金の割合
	期限の利益の喪失	なお書きとして明記

・**利息について**

利息については、利息発生期間と利率を表示します。

「利息 金○○万円 ただし、上記元金に対する令和○年○月○日から令和□年□月□日までの年△％の割合による利息金」

・**損害金について**

損害金は、弁済期後に発生する点で利息と区別されます。通常は、あらかじめなされている約定に従って、遅滞している債務が完済されるまで発生します。記載は、以下のようになります。

「損害金 ただし、上記元金に対する、令和○年○月○日から支払済みまでの約定の年□％の割合による遅延損害金」

・**期限の利益の喪失について**

期限の利益（支払日までは、支払を猶予されること）は、金銭債権を分割払いなどにする場合の債務者の利益です。つまり債務者は、一度に全額の支払いを請求されないという利益を受けます。そして、この分割払いを怠るなどして、残金全額の支払期限が直ちに到来した場合、これを期限の利益の喪失といいます。期限の利益の喪失を理由として担保権の実行を申し立てる場合は、請求債権のところにその旨を記載します。

記載方法としては、なお書きとして、次のように明記します。

「なお、債務者は、令和○年○月○日に支払うべき分割金の支払を怠ったため、分割弁済の期限の利益を喪失したものである」

▌物件目録の記載上の注意点

強制競売のところで述べたように、物件目録（142ページ）は登記簿（表題部）の記載と同一の記載をすることで表示します。

担保不動産競売申立書

東京地方裁判所民事第21部　御中

令和 ○年 12月 7日

債　権　者　　新宿銀行株式会社

代表者代表取締役　本山春夫　㊞

電　話　03-XXXX-XXXX

ＦＡＸ　03-XXXX-XXXX

当　事　者

担　保　権

被担保債権　　別紙目録のとおり

請求債権

目的不動産

債権者は債務者兼所有者に対し別紙請求債権目録記載の債権を有するが債務者がその弁済をしないので、別紙担保権目録記載の抵当権に基づき、別紙物件目録記載の不動産の担保不動産競売を求める。

添付書類

1	不動産登記事項証明書	2通
2	公課証明書	2通
3	資格証明書	1通
4	住民票	1通
5	売却に関する意見書	1通
6	不動産登記法14条の地図の写し	1通
7	現地案内図	1通

※申立書と各目録との間に契印し、各ページの上部欄外に捨印を押す。

<pre>
                物 件 目 録

1 所   在   東京都新宿区片町2丁目
   地   番   1番4
   地   目   宅地
   地   積   104．27平方メートル

2 所   在   東京都新宿区片町2丁目1番地4
   家 屋 番 号   1番4
   種   類   居宅
   構   造   木造瓦葺平家建
   床 面 積   60．44平方メートル
</pre>

📝 書式2　当事者目録

当 事 者 目 録

〒162−0843　　　　　　　新宿区市谷田町４丁目５番１号
　　　　　　申　立　債　権　者　　　新宿銀行株式会社
　　　　　　　　　　　　　　代表者代表取締役　　　本山春夫

〒160−0001　　　　　　　新宿区片町２丁目１番４号
　　　　　　債務者兼所有者　　　緑川昭男

書式3　担保権・被担保債権・請求債権目録

担保権・被担保債権・請求債権目録

1　担保権
　(1)　令和２年11月22日設定の抵当権
　(2)　登　記　東京法務局新宿出張所
　　　令和２年11月22日受付第９１３２号
2　被担保債権及び請求債権
　(1)　元　金　　1000万円
　　　　ただし，令和２年11月22日の金銭消費貸借契約に基づく貸
　　　付金（弁済期令和３年11月22日）
　(2)　利　息　　500,000万円
　　　　ただし，上記元金に対する，令和２年11月22日から令和３
　　　年11月22日までの，約定の年５％の割合による利息金
　(3)　損害金
　　　　ただし上記元金に対する令和３年11月23日から支払済みま
　　　での約定の年６％の割合による遅延損害金

4

抵当権、根抵当権に基づく物上代位としての賃料の差押え

物上代位権の行使は債権差押命令の申立てによる

物上代位とは

　債務者の債務不履行があったときに、抵当権や根抵当権に基づいて競売にかけ、代金から優先的に弁済を受けることができるのは、これらの担保権が目的不動産の交換価値を把握しているからです。では、目的不動産が別の価値物に姿を変えたらどうなるのでしょうか。

　これが**物上代位**の問題です。目的物の売却や、滅失や毀損により目的物が金銭などに姿を変えたときには、抵当権者・根抵当権者は、それに対して代位することができます。つまり、姿かたちこそ違え、不動産の価値が代替された金銭であれば、その金銭に対しても、被担保債権額の限度で権利が及ぶことが認められているのです。このように、担保の目的物が形を変えて債務者に帰属したときに、担保権者がそれに対しても担保権を実行することを物上代位といいます。そして手続きとして、金銭が債務者に支払われる前に債権（売買代金債権など）の差押えがされなければならないと規定されています（民法372条、304条）。

物上代位の効力は賃料にも及ぶのか

　登記されている限りは、たとえ不動産が売却されたとしても、新しい所有者に対して抵当権者・根抵当権者は、その権利を主張することができます。債務者が債務を履行しなければ、そこで抵当権なりを実行すればよいわけです。そのため、物上代位が問題とされるのは、売却の場面ではありませんでした。

　バブルの崩壊後、担保権を実行し、不動産をそのまま競売にかけても、高値で買い受ける者は現れず、当初期待していたほど債権は回収

できませんでした。いわゆる不良債権です。

　そこで、賃借人が入っていて、賃料が確実に入ってくる場合には、賃料を物上代位によって差し押さえて、そこから債権の回収を図るという方法が考えられるようになりました。

　当初は、物上代位は賃料には及ばないとして、訴訟で争われることもあったのですが、不動産も賃借して使用しているうちに、消耗して交換価値が減っていくことから、賃料それ自体も交換価値がなし崩し的に実現したものといえます。そこで、裁判所は、賃料に対しても物上代位はできると判断しました。

　このように、抵当権・根抵当権が設定されている不動産が賃貸物件であれば、賃借人が支払うべき賃料については、あらかじめ支払い前に差し押さえることによって、債権に充当することができるわけです。たとえ競売にかけてもそれほど高値での売却が期待できない場合、債権の残金が少なく、賃料で十分に回収できそうな場合、長期にわたって安定して相当な価格の賃料収入が期待できるような場合などには、競売を申し立てるよりも、物上代位権を行使する方がよいでしょう。

　手続的には、不動産競売のような申立てをするのではなく、債権差押命令の申立てによります。具体的な手続方法については、第5章の債権に対する強制執行（176ページ）を参照してください。

■ 賃料の物上代位 ···

担保不動産収益執行をするという方法もある

うまく利用すれば効果的に回収が図れる

担保不動産収益執行とは

　不動産に抵当権を設定している債権者の債権回収手段は、競売を申し立てて、その代金から配当を受けるのが典型的です。

　確かに、不動産が対象だと1回で相当な金額が回収できるので、実効性は高いといえます。

　ただ、バブルの崩壊以降、抵当権設定当時よりも不動産価格が値下がりしているケースも多いようです。立地条件によっては、その不動産を賃貸し、その収益を債権の回収にあてた方が効率的なケースもあります。

　特に、一等地のオフィスビルや繁華街の商業ビルの場合には、継続した賃料収入はかなりの財産的価値があります。そこで、担保不動産収益執行という債権回収方法が認められています。これは、担保権を有する債権者の申立てによって、担保となっている不動産を維持管理しつつ、そこから得られる収益を債権の弁済にあてていくという制度**（担保不動産収益執行）**です。実際には、競売の申立てと同時に収益執行の申立てもして、配当までの間にそこから上がる収益を充当していくという運用がなされています。

　上手に利用すれば、単に競売を申し立てるよりも、効果的に債権の回収ができるでしょう。

不動産収益執行のための手続は

　担保不動産収益執行のための手続は、競売申立てと似ている面もあります。その概要は以下のとおりです。

① 申立先

担保権が設定されている不動産の所在地を管轄する裁判所に申し立てます。

② 費用

申立てに必要な費用は裁判所によって多少異なりますから、事前に管轄の裁判所に問い合わせておくとよいでしょう。申立手数料自体は、担保権1つあたり4000円です。この他に、予納郵券（切手）、予納金が必要になり、不足すると後から請求されます。また、差押登記をするための登録免許税も必要になります。

③ 必要書類

申立ては競売の場合と同様に、書面によって行います。

申立書の他に、各種目録・添付書類を添えて申し立てます。不動産の賃借人も関係してくるので、その氏名（会社名・代表者名）・住所（主たる事務所の所在地）・賃料額などを記載した「給付義務者・給付

■ 担保不動産収益執行のしくみ ･････････････････････････････

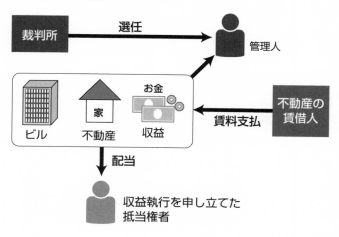

債権者目録」を提出する必要があります。また、競売申立ての際に提出する図面などの提出を求められることがあります。

▎担保不動産収益執行について留意しておくべきこと

担保不動産収益執行を行う場合には、競売手続そして他の抵当権者との関係などにも留意しておくことが不可欠です。ここでは留意点をいくつか挙げておきます。

① 競売手続との関係

収益執行は、担保権が存続している限り継続して機能します。しかし、競売が行われて配当も終了し、担保権が消滅すると収益執行手続も終了する運命にあります。

もちろん、収益執行によってある程度債権の回収が達成された後に、自分自身で競売を申し立てて、一気に決着をつけることもできます。

② 他の抵当権者との関係

他の抵当権者にも当然のことながら、収益執行の申立ては認められています。ただ、他の抵当権者が収益執行を申し立てたからといって、当然にそれ以外の抵当権者にも収益執行による配当がなされるわけではありません。配当を受けるためには、自分自身で収益執行の申立てをする必要があるので注意しましょう。

また、他の抵当権者が競売の申立てをした場合には、①で述べた点に留意しておいてください。

③ 物上代位との関係

抵当権者には、賃借人の賃料を差し押さえて債権に充当する方法が、民法でも認められています。これが物上代位（144ページ）です。収益執行との違いは、個々の賃借人の賃料を別個に取り扱い、差し押さえる必要がある点です。また、物上代位では、予納金などのような費用がかかりません。物上代位と収益執行が競合した場合には、収益執行の手続が優先することになっています。

第４章

動産の強制執行

動産の強制執行はどのように行うのか

さまざまな物が動産として執行対象となる

動産の強制執行とは

　動産の強制執行とは、債務者の所有する動産を差し押さえて、それを競売にかけ、その売却代金から配当を受け、債権の回収を図る手続きです。不動産は所有権の他にもさまざまな権利義務の対象となっており、財産価値も高いので、競売にあたっては慎重さが強く要請されます。それに対して、動産の場合は、取扱いもしやすいため、競売の手続きは、不動産の場合に比べてかなり簡単なものになっています。

　もっとも、動産は読んで字のごとく動く財産なので、それに対する競売はやりにくい面もあります。不動産のように登記されるわけではないので、権利関係がはっきりしないケースもありますし、競売できるのかどうかがわかりづらいこともあります。

　この点をふまえて、動産競売についての予備的知識を習得しておいてください。

競売を行うのも執行官の仕事

　動産に対する執行も不動産に対する執行と同様に、債権者の競売申立てによって始まります。申立書や添付書類などの書面を提出することも同じです。

　ただ、不動産の場合と明らかに異なる点としては、執行機関が裁判所ではなく、執行官だということです。執行官は、裁判所にいるのですが、自ら債務者の下に行き、動産を差し押さえます。そして、競売を行うのも執行官の仕事です。

　執行官により差押えがなされ、競売がなされると、その売却代金か

ら配当がなされます。

執行の対象となる動産

　動産執行における動産は、民法上の動産とは少し異なり、対象となる範囲が民法よりも広く設定されています。

　民法上、貴金属や家財道具、パソコンやコピー機などの「土地およびその定着物以外の物」が動産に分類されていますが、動産執行では、これらの物に加え、以下の物も執行の対象となる動産に含まれます。

　まず、土地の定着物であっても登記することができず、容易に土地から分離することができるものは動産として扱われます。たとえば、庭園にある庭木や庭石、石灯籠などは動産として執行の対象となります。ただし、土地に抵当権等の担保権が設定されていると、その効力がこれらの物にも及ぶため、定着物だけを動産執行の目的として差し押さえることはできません。動産執行に際しては、これらの物が置かれている土地の登記事項証明書をとるなどして、権利関係を調査して

■ 動産執行のしくみ ……………………………………………

例）住居や店舗内の金品を差し押さえたい

```
┌─────────────────────────┐
│   動産執行の申立てを検討      │
└─────────────────────────┘
              ↓
┌─────────────────────────┐
│ 地方裁判所の執行官に対して    │  申立費用と執行費用も用意。
│      申し立てる            │
└─────────────────────────┘
              ↓
┌─────────────────────────┐
│  執行官と差押えのための      │  執行官は、執行や書面の送達を行う。
│    打ち合わせをする         │
└─────────────────────────┘
              ↓
┌─────────────────────────┐
│        差　押            │  生活に必要な衣服、寝具、家具、台所用品
└─────────────────────────┘     など、多くの財産の差押えが禁止されている。
              ↓
┌─────────────────────────┐
│        売　却            │  競り売りによる場合が多い。
└─────────────────────────┘
              ↓
┌─────────────────────────┐
│        配　当            │  債権者が一人の場合などは、弁済金の交付となる。
└─────────────────────────┘
```

おく必要があります。

　次に、穀物や果実、野菜など土地から分離する前の天然果実で、１か月以内に収穫することが確実であるものは動産として扱われます。また、農場主や競走馬の馬主、養魚者が債務者である場合、豚、牛、馬、魚などの動物も動産執行の対象となります。

　最後に、有価証券も動産執行が可能です。具体的には株券、国債・社債等の債券、約束手形や為替手形、小切手などです。ただ、有価証券であれば、すべてに動産執行ができるというわけではなく、裏書が禁止されていないものに限られます。裏書とは、有価証券の所持人が第三者に権利を譲渡するために有価証券の裏面に署名押印をすることです。

　なお、登記・登録のされている船舶（総トン数20トン以上）や航空機、自動車、建設機械については、執行官の判断に適しない複雑な権利関係が生ずる可能性があることから、動産執行の対象からは外され、不動産執行に準じ、強制競売の方法により執行が行われます。

　20トン未満の船舶や未登記・未登録の航空機、建設機械、自動車については、動産執行の対象となります。

執行の対象とならない動産もある

　いくら債務者の所有する動産といっても、そのすべてを競売できるわけではありません。債務者とその家族が当面生活していけるだけのものは残さなければなりません。民事執行法では、２か月間の必要生計費として66万円の金銭は差押禁止としています。

　また、生活に必要な１か月間の食料および燃料についても執行の対象にはできないと定めています。

　なお、銃砲刀剣類、劇薬などの危険物、天然記念物に指定されている物などは、特別な手続きが必要になります。執行の申立てを希望するのであれば、事前に裁判所に相談してみてください。

2 動産執行の申立てをする

動産の所在場所など正確に記載することが必要

申立ては書面の提出から

　動産執行の申立ても、不動産執行の場合と同様に申立書と添付書類を提出することから始まります。これらの書類が不足していたり、誤った記載がなされていると申立てが受理されないので、注意して作成・準備しましょう。ただ、不動産強制執行の申立ての場合よりも、動産執行申立書は簡単なものとなっています。

　動産執行申立書（155ページ）の用紙は、裁判所に備え置かれています。裁判所ホームページにも書式が掲載されています。選択的に○印をつける部分もあります。

① **債権者**

　債権者とは、執行を申し立てる人です。債権者の氏名と住所は、強制執行の根拠となる執行力ある債務名義の正本と一致していなければなりません。引越しや結婚などによって変更がある場合には、新旧両方の氏名・住所を記入し、添付する住民票、戸籍謄抄本によって継続性を証明します。会社が合併などで、会社名（商号）、所在地を変更した場合も同様に新旧両者を記載します。その場合は、商業登記事項証明書を添付します。

　申立ては代理人によって行うこともできます。代理人の住所・氏名も記載し、押印します。

② **債務者**

　債務者とは、強制執行の相手方となる者です。債務者の氏名（会社名）・住所（主たる事務所の所在地）も、執行力ある債務名義の正本と一致するように記載します。その後の変更がある場合には、新旧両

方を記載します。

③ **執行の目的及び執行の方法**

動産の執行機関は執行官ですが、具体的にどの動産に対して執行するのかは、執行官の裁量に委ねられています。だれの目から見てもその所在と様子が認識できる不動産とは異なり、動産は建物の中に入ってみなければわからないことが多いからです。

したがって、「執行の目的及び執行の方法」については、具体的な動産名（宝石、株券など）を記載する必要はなく、該当する部分を○で囲むだけで十分です。

④ **目的物の所在地**

申立書には、目的物の所在地、つまり執行の場所を記載します。動産は不動産とは異なり、建物の内部にあることがほとんどなので、ここの記載は重要です。執行官が実際に不自由をしないように、正確に記載しましょう。

もっとも、債務者の住所などは、登記簿の表示ではなく、一般の住居表示に準拠しましょう。登記簿では地番と住居表示が一致していないのがむしろ通常ですが、ここでは執行官の実務上の便宜のため、住居表示を使用します。この記載が不備だと補正を命じられ、補正に応じなければ申立ては却下（内容を審査することなく門前払いされること）されてしまいます。

債務者が住居とは別に倉庫などに動産を保管している場合などには、複数の執行場所を記載することもできます。ただし、すべての執行場所が当該執行官の職務執行区域内にあることが必要です。

⑤ **債務名義の表示**

債務名義は強制執行の根拠となりますが、該当する種類の債務名義に○をつけます。そして、「令和○年（　　）第○○○○号」と事件番号を記載します。

動産執行申立書

強制執行申立書	受付印
東京地方裁判所　　　執行官室　御中 　　令和 ◯ 年 1 月 9 日	
	予納金　　　　　　円 ｜担当　　　区

（〒　　−　　　） 住所	東京都中野区新井◯丁目△番×号
債権者	南田商業株式会社 代表者代表取締役　◯◯◯◯　　㊞
（電話番号）	−　　−
（〒　　−　　　） 住所	
債権者代理人	㊞
（電話番号）	−　　−
（〒　　−　　　） 住所	東京都世田谷区梅岡◯丁目△番×号
フリガナ 債務者	北 村 春 男

執行の目的及び執行の方法	動産執行 （家財）・（商品類）・機械・貴金属・その他（　　　　　）

目的物の所在地（住居表示で記載する）
□　上記債務者の住所
□

債務名義の表示

☑　**東京** ⟨地方／簡易⟩ 裁判所　　　支部　令和 ◯ 年（◯）第　**11** 号
　（判決）・和解調書・調停調書・調停に代わる決定・仮執行宣言付支払督促・
　その他（　　　　　　　　　　　　　　　　　　　　　　　　　　）
□　　　　　　法務局所属公証人　　　作成　令和　　年第　　号執行証書

請求金額	円（内訳は別紙のとおり）

添付書類			1　執行の立会い　　　　□ 無　☑ 有
1　執行力ある債務名義の正本	1	通	2　執行の日時　　　1 月 24 日希望
2　送達証明書	1	通	3　執行日時の通知　　□ 否　☑ 要
3　資格証明書	1	通	4　同時送達の申立て　□ 無　□ 有
4　委任状		通	5　関連事件の事件番号
5　債務者に関する調査表	1	通	東京地方裁判所　令和　年（執　）
6			第　　　号
7			

□　執行調書謄本を関係人に交付してください。
□　事件終了後，債務名義正本・送達証明書を返還してください。
　　　　　　　　　　　　　　　債権者（代理人）　　　　　　　　　㊞

電子納付用登録コード	

⑥　請求金額

　請求金額を合計額として記載します。請求債権の内訳は別添の書面に記載します。

⑦　その他

　その他、添付書類など、該当する項目に○をします。

手数料と費用について

　動産執行の申立てにあたっては、執行官の手数料と強制執行に必要な費用をあらかじめ納付しなければなりません。手数料と費用の額は、執行債権の額を基準にします。

　強制執行申立書を執行官室の窓口に提出すると、納付すべき金額を示した保管金納付書を交付してもらえます。この納付書と現金を裁判所の会計または裁判所内の銀行（東京地裁の場合）に提出することで納付できます。なお、申立てに際して納付するこれらの金額が、手続きの進行に伴い、実際に足りなくなることもあります。そのときには、執行官から不足分の追加納付を促す通知が来ますから、それに従って速やかに追加納付をします。

添付書類にはどんなものがあるか

　動産執行の申立てでも、執行力ある債務名義の正本をはじめとする書類を添付します。添付書類は、申立て時の状況によってさまざまなものが必要になります。主なものとして以下のものがあります。

①　債務名義の送達証明書

　動産執行の申立ては、債務者に対して債務名義の送達があらかじめまたは同時になされることが必要です。原則として、この送達が行われていることを証明する書類の添付が必要になりますが、例外的に強制執行と同時に送達をすることも認められています。動産は消費してしまったり、隠してしまうことが容易なので、債務者に強制執行を察

知させることなく差押えをすることも必要です。そのため、執行と同時に債務名義を送達することもあり得るのです。

　なお、債務名義が執行証書（公正証書）の場合の送達方法は、他の債務名義の場合とは別に定められています。つまり、執行官による送達か公示送達という方法、そして、公証人が郵便で送達するという方法です。公示送達とは、送達すべき相手が所在不明なため送達ができない場合に、裁判所の掲示板に公示することによって送達の要件を充たすという制度です。公正証書があるのに債務者の所在がどうしてもつかめないときには、執行官に相談して、公示送達の方法をとってみましょう。

② **委任状**

　申立てを代理人によって行う場合には、債権者は代理権を示す委任状を交付し、それを添付して提出します。

③ **資格証明書**

　債権者あるいは債務者が法人の場合には、その代表者（代表取締役、理事長など）がだれであるのかを示すために、1か月以内に発行された登記事項証明書（債権者の場合、代表者事項証明書でも可）を添付することになります。

④ **動産の所在場所の地図**

　実際に執行官が動産の所在場所に到達できるように、最寄駅から執行場所までの経路がわかる地図を添付します。

⑤ **債務者に関する調査表**

　氏名、性別、年齢、在宅状況、事業者の場合には営業時間や定休日等の状況を、わかる範囲で記入します。

⑥ **郵送による申立ての場合**

　84円切手を貼付した返信用封筒。予納通知等を送付するために必要です。

動産執行の申立てによる差押えについて知っておこう

動産の置かれている状態によって差押えも違ってくる

執行日時の決定と通知

東京地方裁判所では動産執行の申立てがなされると、申立人に対して執行官との面会票が交付されます。申立人は、この面会票に記載されている日時に、執行官と執行官室で面会し、執行の具体的日時と立会いについて話し合います。執行官とは、動産執行の現場で合流することが多いです。

なお、民事執行規則では、やむを得ない事由がある場合を除き、動産執行の申立てがあった日から1週間以内の日を執行に着手する日時と定め、なおかつ、その日時を申立人に通知すべきと定めています。

執行官に対する弁済

債務者の中には、「まさか強制執行まではしないだろう」と安易に考えていたため、履行を遅らせる者もいます。実際に、執行官が家までやってきたら、驚いてなんとか弁済をしようとする可能性もあります。

そのため、現場で債務者に出会ったら、執行官は債務者に対して債務を弁済するように促すことができます。もし、債務者がこれに応じて弁済をすると、執行官は債権者のために、これを受領することができます。債務者の弁済額が全額ではなく一部の場合も、執行官は弁済を受領することができます。

複雑な占有関係

通常であれば、だれかが物を占有していれば、その物は占有している人の所有物であることが多いです。

ただ、取引社会では、財産関係が複雑になっているため、所有と占有が必ずしも一致していないこともあります。それを反映して、動産の所有と占有が一致していない場合、差押えについて特別な取扱いがなされることになっています。

① 債務者の占有する動産が第三者の所有物である場合

　動産執行の対象は、本来、債務者の所有物に限られるべきです。しかし、迅速な手続きが要求される動産執行の場面で、執行官が個々の物件の所有者が本当に債務者なのかを判断するのは容易ではありません。そこで、債務者の占有する動産は広く差押えの対象とし、本当はその動産が第三者の所有物であっても、客観的な状況からそれが第三者の所有物であると判断できない限り、執行官は動産を差し押さえることができます。

　反対に、所有する動産を差し押さえられた第三者は、第三者異議の訴え（247ページ）を提起して争うことができます。

② 第三者の占有する動産が債務者の所有物である場合

　債務者が動産を第三者に預けていることがよくあります。商品を倉庫に預けたり、人に貸したりしている場合などです。この場合、第三者の占有している動産を、そのまま執行官が差し押さえることはできません。占有しているということ自体が、法律的に保護されているからです。ただし、第三者が差押えを承諾すれば、動産を差し押さえることはできます。

③ 債権者が債務者所有の動産を占有している場合

　債権者が、質権の設定を受けるなど債務者の動産を占有している場合には、それを執行官に提出して差押えを受けることができます。

4 差押えをする

差押え後の保管方法にもいろいろある

動産執行を開始する

　動産執行は、執行官が申立書に記載された場所に行き、差押えを開始するところから始まります。執行官は、執行官である身分を証明する文書を携帯し、債務者などから請求があったときには、提示しなければなりません。

所在場所に立ち入る

　執行官は動産を差し押さえますが、動産がある場所は建物の内部であることが多く、また、屋外に所在する場合であっても、自動車のように鍵がかかっていることがほとんどです。何かの容器に保管されていたり、包まれていることもあります。

　このような事情から、執行官は、動産執行に必要な限度で、債務者の同意なく強制的に動産が占有されている場所に立ち入ることができます。住居、事務所、倉庫、車内など問いません。住居の入口などに鍵がかかっていて債務者も不在である場合には、立会人を置いた上で、鍵を開いたり壊したりすることができます。この場合、原則として、開錠の専門業者に請け負わせることになっています。

　執行官は所在場所に立ち入り、差し押さえるべき動産を捜索することができます。封緘されているものを開けたり、金庫の鍵を開くこともできます。ただし、執行官といっても、債務者のふところまで捜索することは許されません。債務者が差し押さえるべき動産（現金、貴金属類、有価証券など）を所持していることが明らかなときは、執行官は債務者を説得して動産を提出させた上で、それを差し押さえるこ

とになります。

　なお、鍵を開けたり、捜索を行うにあたって費用がかかった場合には、その費用は執行に必要な費用として計上されます。

▌動産を差し押さえる

　執行にあたってどの動産を差し押さえるのかは、執行官の自由な裁量に委ねられています。ただし、何でも、いくらでも、差し押さえることができるわけではありません。

　たとえば現金があったとしても、66万円に満たない場合は、差し押さえることはできません。また、66万円以上の現金があったとしても、66万円は債務者の手元に残さなければなりません。債務者の世帯が2か月間暮らしていけるだけの生活費は、差押えが禁止されているからです。

■ 執行官の差押手続き ……………………………………………

```
┌─────────────────────┐
│     動産執行の開始       │
└─────────────────────┘
         │   申立書に記載された場所に行く
         ▼
┌─────────────────────┐
│   所在場所への立ち入り     │
└─────────────────────┘
         │   必要な限度で債務者の同意なく立ち入りができる
         │   差し押さえるべき動産を捜索
         ▼
┌─────────────────────┐
│     動産の差押え        │
└─────────────────────┘
         │   自由な裁量で差押え
         │   差押禁止財産あり
         ▼
┌─────────────────────┐
│   差し押さえた動産の保管    │
└─────────────────────┘
```

差し押さえられた動産はどのように保管すればよいのでしょうか。

 差し押さえられた動産は、競売されるまで保管されます。保管方法は複数あり、執行官が状況に応じて判断します。

① そのまま債務者に保管させる

実務上、最も採用されている方法は、そのまま債務者に保管させることです。もちろん、債務者が動産を自由にできるわけではなく、執行官が封印票または差押物件標目票を貼り付けます。封印票などを破棄したり無効にすると、刑法上の封印破棄罪（刑法96条）が成立します。

ただし、執行官に相当と認められれば、差押物をそれまでのように使用することができます。

② 執行官が保管する

法律の文言上は、原則として、執行官が保管することになっています。しかし、現金、有価証券、貴金属類など、紛失の危険の高い物や持ち運びの容易な物を除いては、①の方法で保管されます。

③ 占有者を変更して保管させる

債務者、第三者、債権者が占有していた動産を、別の者（倉庫業者など）の占有に移して保管させることもあります。ただし、債務者が占有していなかった物を債務者の占有に移すことはできません。

④ 職務執行区域外で保管する

動産が、通常の保管に適さないことも稀にあります。生きている動物や食品類などは、特別な保管が必要になります。しかし、このような保管に適した場所・機関が執行官の職務執行区域内にないことも、往々にしてあり得ます。その場合には、執行官の職務執行区域外で、差押物を保管させることも許されています。

5 動産執行の差押えではその他こんなことを知っておこう

強制的な国家権力の行使なので手続上の制約もある

▍立入りの際の特殊事項

　差押えのための立入りは、債務者の承諾を要しない強制的なもので
あり、いくら法律の根拠があるとはいえ、適正に行われなければなら
ないことは、言うまでもありません。

　強制執行も、休日や夜間はできる限り控えなければなりません。ど
うしても休日または夜間（午後7時から翌日の午前7時まで）に執行
しなければならないときは、執行裁判所の許可を受ける必要があります。

　また、人の住居に立ち入って差押えをする場合には、個人のプライ
バシーの制約を伴うため、適正さを保障する必要性が高くなります。
そのため、執行官は、市区町村の職員、警察官、その他証人として相
当と認められる者を立ち会わせなければならないとされています。

▍差押えの効力

　差押えは法律的にはかなりの効力を発揮します。

　まず、差押えがなされると、所有権者である債務者といっても、自
由に差押物を処分することが禁止されます。

　もし、債務者が第三者に対して売却などの処分をしたとしても、その
処分は執行手続上無効として取り扱われます。その場合、差押債権者が
申し立てれば、執行裁判所は占有している第三者に対して、差押物を執
行官に引き渡すように命じることになります。ただし、この引渡命令の申
立ては、第三者の占有を知ったときから1週間以内に行う必要があります。

　もっとも、差押物を取得した第三者が、それが差し押さえられた物
であることについて知らず、かつ、知らないことにつき過失がないと

きには、第三者はその動産の所有権を取得します（これを即時取得といいます）。この場合は、差押えの効力は消滅し、結果として、差押えが無意味となってしまうのです。もちろん、債務者は、刑法上の横領罪の罪責を負うことになります。

なお、債務者に保管が委ねられている場合、差押え後でも例外的に差押物の通常の用法に従った使用が許可されることもあります。その際、差押物から天然の産出物が生じることもありますが、その産出物についても、債務者が自由に処分できるわけではなく、差押えの効力は及んでいます。たとえば、差し押さえられた養鶏の飼育が許可されたとしても、養鶏が生んだ卵を債務者が販売することなどは許されないのです。

債務者などの抵抗を排除する

稀なケースではありますが、強制執行にあたって、債務者や第三者が実力行使により執行の妨害をすることもあります。強制執行は国家権力による強制的な手続きなので、妨害を合法的に排除する力も当然備えています。

もし、執行官が債務者などから抵抗を受けたときには、自ら威力を用いたり、警察に援助を求めるなりして、抵抗を排除することが認められています。この場合、市区町村の職員など、相当と認められる者を立ち会わせなければなりません。

差押禁止財産について

どの動産を差し押さえるかは、原則として、執行官の自由な裁量に委ねられてはいます。

しかし、債務者といっても人間であり、最低限度の人権は保障されなければなりません。そのため、民事執行法131条は、各種の観点から差押えを禁止する動産の種類を列挙しています。具体的には、衣服や寝具、家具、台所用品、畳など債務者の生活に欠くことのできない

日用品や、農具や漁具、工具等、債務者の職業の維持に関わるものについては差押えが禁じられており、また現金についても66万円までは差押えが禁止されています。

　ただ、実際問題として、債務者及び債権者の生活状況などに応じて差押え禁止の範囲を修正すべき場合があります。そのため、執行裁判所は、申立てにより、差押禁止の範囲を拡張または縮小できることになっています。もし、差押禁止動産が差し押さえられた場合には、債務者は執行異議の申立て（250ページ）によって、その是正を要求することができます。

▎差押えに関する２つの禁止原則

　前述した差押禁止動産の他に、一般的に差押禁止を定めた原則が、民事執行法上規定されています。超過差押禁止の原則と無剰余差押禁止の原則です。

①　超過差押禁止の原則

　差押えは、国家権力によって有無を言わさずに債務者の人権を制限する作用なので、その行使は必要かつ最小限度でなければなりません。差押債権者の債権回収という目的達成のため、必要な限度を超える差押えは許されません。つまり、執行官は、差押債権者の債権と執行費用の弁済のために必要な限度を超過して、動産を差し押さえてはならないことになっていて、超過部分の差押えは取り消されます。

②　無剰余差押禁止の原則

　差押えは競売のための前提としての手続きであり、債権を回収するためのものです。そのため、債務者が価値の低い動産しか所持していない場合など、売却代金が執行手続に必要な費用額を超える見込みがなく、債権の弁済ができるほどの余剰が生じる見込みがないときには、執行官は差押えをすることが禁じられています。また、差し押さえた動産の売却を試みたが、売却の見込みがない場合には、執行官は差押えを取り消すことができます。

6 配当要求をする

配当要求できる者の範囲が不動産執行の場合と異なる

配当要求できる者

　一部の債権者は、動産に対して強制執行が行われているときに、その手続きを利用して売却代金から配当を受けることができます。つまり、他人が申し立てた強制執行の手続きを利用して、債権を回収するわけです。これを**配当要求**といいます。不動産競売での配当要求よりも、参加できる者の範囲が狭くなっているのが特徴です。

　動産執行のケースでは、配当要求ができるのは、執行の対象となっている動産を質物として占有していた者または当該動産に対して先取特権をもつ者に限られています。不動産執行のケースでは、すでに仮差押をしている債権者や債務名義（20ページ）をもっている債権者も、配当要求が認められていましたが、動産執行では認められていません。この場合に配当を得るには、別途、動産執行の申立てをして、その後で事件を併合してもらうという方法があります。

先取特権とは

　配当要求できる者として、質権者とともに認められている先取特権者ですが、**先取特権**とはどのようなものでしょうか。

　先取特権とは、法律上当然に発生する特別な担保権です。なぜこのような担保権が認められているかというと、社会生活上、ある一定の債権については、法律によって確実に回収されることを保障しておかないと不都合が生じる場面があるからです。

　たとえば、会社の倒産によって給与の支払いがなされないとなると、労働者の生活には大きな困難が生じます。

また、部屋の賃料についての回収手段が確保されていなければ、貸主が十分な資力のない人には部屋を貸さなくなるという事態にもなりかねません。先取特権は、このような不都合を回避するために法律によって認められた担保権です。抵当権・根抵当権や質権は当事者の合意（契約）によって発生しますが、先取特権は一定の債権を担保するために法律上当然に発生します。

　ここでは動産に対して生じる先取特権と、債務者の財産一般に対して認められる一般の先取特権について説明します。

①　特定の動産に対して生じる先取特権

　下記の原因によって生じた債権を有する者は、債務者の特定の動産について先取特権を持ちます。

　それぞれの場合に先取特権の対象となる動産（つまり強制執行の対象となり得る動産）は、個別の規定によって定められています。たとえば不動産の賃料については、借主がその不動産に備え付けた動産に対して先取特権が発生するといったような具合です。

・不動産の賃貸借
・旅館の宿泊

■ 先取特権の種類

債権の種類		目的物
一般先取特権	共益の費用	債務者の総財産
	雇用関係	
	葬式の費用	
	日用品の供給	
動産先取特権	不動産の賃貸借	借地上の動産・借地上の建物や借家に備えつけられた動産
	旅館の宿泊	旅館にある宿泊客の手荷物
	旅客または荷物の運輸	運送人の占有する荷物
	動産の保存	保存された動産
	動産の売買	売買された動産
	種苗または肥料の供給	種苗・肥料を使った後1年以内にその土地から生じた果実
	農業の労務	労務によって生じた果実
	工業の労務	労務によって生じた製作物

・旅客または荷物の運輸

・動産の保存

・動産の売買

・種苗または肥料（蚕種または蚕の飼養に供した桑葉を含む）の供給

・農業の労役

・工業の労務（工場で働く労働者の賃金）

② 債務者の財産一般に対して生じる先取特権

　ⓐ共益の費用、ⓑ雇用関係、ⓒ葬式の費用、ⓓ日用品の供給によって生じた債権を有する者は、債務者の総財産について先取特権を持ちます。

▌配当要求の手続き

　配当要求を希望する場合、執行官に対して「配当要求書」を提出します。配当要求書には、配当要求をする旨、債権の原因、債権額（元金、利息、損害金）、根拠となる質権または先取特権、執行場所、添付書類などを記載します。

　添付書類は、配当要求の根拠となる質権または先取特権の成立を証明する書面です。具体的には、質権設定契約書や動産の売買の契約書などを用意します。配当要求をしたものの、執行官がそれを認めない場合には、要求をした者は執行異議を申し立てることができます。

▌配当要求の終期について

　配当要求は、次のときまでに行うことができます。

・売却による売得金の場合：執行官が売得金を得るまで

・金銭の差押えの場合：執行官が金銭を差し押さえるまで

・手形などの支払金の場合：執行官が支払いを受けるまで

・供託（184ページ）された売得金の場合：動産執行が続行されることになるまで

7 差押物の換価手続をする

競り売りの方法が一般的に行われている

金銭の交付と差押物の評価

動産執行の手続きは、差押えから差押物の評価、競売、売却による換価（換金）、配当と進んでいきます。

ただ、差押物が金銭の場合には、この手続きのほとんどを省略することができ、債権者に対する配当へと進みます。

金銭以外の差押物については、財産的評価を行います。差押物の評価は、原則として執行官が行います。しかし、差押物が特に高価なものであれば、執行官の評価の後で、さらに専門家から評価人を選任し、差押物の評価をしてもらいます。評価人の選任が必要なのは、宝石、貴金属、絵画や彫刻などの美術品などの場合です。

動産競売の方法

動産競売には、複数の方法が用意されています。不動産の競売では入札の方法が主流ですが、動産競売では競り売りが主流です。

① 入札

一定期間または期日に、買受けを希望する者が買受価格を提示して、最高価格を提示した者に売却される方法です。

まとまった数の高額な動産がある場合には、競り売りよりもこの方法によって売却されることがあります。

② 競り売り

買受希望者がその場で競争的に買受希望価格を提示し、最高価格を提示した者に売却する方法で、動産競売ではこの方法が一般的なので、後述します。

③　特別売却

　執行官が特別な方法によって売却する方法です。

　この方法による場合は、あらかじめ、差押債権者の意見を聞き、執行裁判所の許可を得なければなりません。

④　委託売却

　執行官以外の者に、売却の実施を委託する方法です。

　この場合でも、あらかじめ、差押債権者の意見を聞き、執行裁判所の許可を得なければなりません。

いつ競り売りをするのか

　競り売りの期日を決めるのは、執行官です。ただ、自由な裁量が許されているのではなく、差押えの日から1週間以上空けて、1か月以内に実施しなければなりません。公告を出して多くの人々に競売への参加を呼びかけるため、期日まで多少時間を空けているのです。

　この期日は、やむを得ない事由があれば、執行官の裁量により延期することもできます。法律上は、差押債権者や債務者に延期を申し立てる権利は認められていません。しかし、東京地裁などでは、実務上、売却期日延長の申立てが認められています。差押債権者・債務者間で債務の弁済について話し合いが持たれることもあり、期日の延長を認める必要性があるのです。

どこで競り売りをするのか

　競り売りをする場所は、執行官の裁量により決定されます。もっとも、多くの場合、差押えの場所か裁判所の売却場で行われます。住居で差し押さえた家財道具や工場で差し押さえた工作機械などを競売する場合には、差押えの場所で競り売りが行われます。貴金属や美術品のように移動しやすい動産を差し押さえたときは、裁判所の売却場で競り売りをします。

公告をする

　競り売りには少しでも多くの者に参加を促す建前から、期日が決定されたらそれを公告することになっています。公告は、執行官所属の執行裁判所の掲示板に掲示して行います。

　公告には次の各事項が表示されます。

・事件の表示
・売却すべき動産の表示
・競り売り期日を開く日時と場所
・法令上の取得制限のある動産について買受けの申出をすることができる者の資格を制限したときはその制限の内容
・期日前に動産を一般公開する日時と場所
・買受申出の保証金額、その提供の方法、支払日
・動産が貴金属またはその加工品である場合の地金価格

期日を通知し、競り売りをする

　公告とは別に、執行官は各債権者および債務者に対して、競り売り期日の日時と場所を通知します。

　執行官は、動産について点検の上、売却条件を告げて買受けの申出を催告し、競り上げつつ買受けを募ります。買受人が最高価額を申し出てそれを執行官が3回呼び上げても、より高額の申出がないと、その買受人に売却が決まります。執行官は、買受人の氏名（名称）、買受申出額、その者に買受けを許可する旨を告げます。この手続きを繰り返すことによって、動産競売は進んでいきます。

　代金の支払いについて、支払期日が別に定められている場合は、買受けを申し出る者は、執行官に対して保証金または執行官の指定する金融機関の振り出した自己宛小切手を提供しなければなりません。代金支払期日が定められていないときは、買受人はその場で執行官に対して代金を支払います。競り売りを実施する場所が人の住居である場

合で、債務者が不在のときは、市区町村の職員、警察官その他証人として相当と認められる者を立ち会わせることが義務付けられています。この点は、差押えの場合と同じです。

競り売りの中止と差押えの取消

　強制執行は債務者の意思に関係なく権利を制約する手続きですが、任意に債務の履行がなされるのであれば、それに越したことはありません。執行官が買受けの申出額を呼び上げているとき、または、買受けを許可する旨を告知する前であれば、債務者は債務を履行することができます。債務者が債務を履行する旨を申し立てると、執行官は、競り売りを一時中止しなければなりません。債務者が弁済をすると、競り売りは中止されます。

　また、差押えも債務者の財産権を制約しているので、必要最小限度でなければなりません。そのため、競り売りの最中に売得金が債権と執行費用の合計額を超過したときには、その時点で、未売却の他の動産に対する差押えを取り消すことになっています。

動産の引渡しを行う

　売却が許可されて買受人が代金を支払ったら、執行官は当該動産を買受人に引き渡します。売却場にその動産があればそのまま引渡しが行われます。倉庫に大量に保管されていたり、家屋や工場などに備え付けられている動産については、後日引渡しが行われます。

配当手続について

　競り売りが終了し、売得金の合計額が決定すると、債権者らに配当が実施されます。配当が受けられる債権者とは、差押債権者（申立人）、配当要求が認められた債権者（質権者・先取特権者）などです。

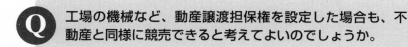

Q 工場の機械など、動産譲渡担保権を設定した場合も、不動産と同様に競売できると考えてよいのでしょうか。

A 不動産に対して抵当権や根抵当権が設定されている場合に、それら担保権の実行としての競売については、強制競売に関する民事執行法上の規定が準用されていました。動産についても、同じく、担保権が設定されていた場合には、それを根拠に競売を申し立てて、その売得金から債権を回収することができます。

　ただ、不動産の場合には登記によって権利関係が明確になっていることも多いのですが、動産の場合には、法律上の権利関係が不明確なことがよくあります。動産に設定される担保権としては、質権が典型的です。質権は、債務者の所有する動産に設定されるだけではなく、第三者の所有する動産に設定されることもあります（物上保証人）。

　また、最近の企業金融などでは、占有を債務者に委ねて使用させたまま担保にする契約がよく見られます。しかも、工場内にある工作機械、材料、製品などをひっくるめて担保とすることすらよくあります。これらは動産譲渡担保と呼ばれています。

　このような複雑な事情から、担保権について法律的にどのように扱うべきかは、専門的な判断が必要とされます。そのため、以前は、動産を占有している債権者が動産を任意に提供し、担保権の存在が明らかにわかる場合に限り、執行官は差押えをすることができるとされていました。現在では目的物の任意提供以外の場合にも執行裁判所の許可があれば動産競売を開始することができるようになりました。これを**動産競売開始許可の決定制度**といいます。動産競売開始許可決定を得るためには、債権者は、売買契約書など担保権の存在を証明する書面を執行裁判所に提出して申し立てる必要があります。執行裁判所が担保権の存在を認めると動産競売開始許可決定がなされ、その決定謄本を執行官に提出することで動産競売が行われるという手続きです。

参考資料　予納金額標準表（東京地方裁判所の場合）

予納金額標準表（令和3年4月1日改定）

	区分	基本額	加算額
動産（執イ）	差押事件	35,000円	債権者1名(分割債権),執行場所1箇所増すごとに基本額を加算
	動産競売事件	30,000円	
明（引）渡し等（執ロ）	不動産明渡等事件（建物収去・退去を含む）	65,000円	債務者1名、物件1個増すごとに40,000円加算
	代替執行事件（建物収去を除く）	30,000円	債務者1名、物件1個増すごとに15,000円加算
	動産引渡事件	25,000円	債務者1名増すごとに15,000円加算
	動産引渡事件（自動車）	25,000円	物件1個増すごとに15,000円加算
	動産受領事件	30,000円	執行場所1箇所増すごとに15,000円加算
	売却及び買受人の為の保全処分	65,000円	債務者1名、物件1個増すごとに25,000円加算
	売却及び買受人の為の保全処分（公示のみ）	30,000円	債務者の人数にかかわらず30,000円物件1個増すごとに10,000円加算
保全（執ハ）	仮差押事件	35,000円	債権者1名(分割債権),執行場所1箇所増すごとに基本額を加算
	仮処分事件	30,000円	債務者1名、物件1個増すごとに15,000円加算
	不特定債務者のみの仮処分事件	60,000円	物件1個増すごとに15,000円加算
	特定債務者1名及び不特定債務者の仮処分事件	60,000円	特定債務者1名, 物件1個増すごとに15,000円加算
その他	子の引渡実施	70,000円	援助執行官1名50,000円加算事案により、さらに追納の可能性あり
	破産保全事件	30,000円	

（注意）上記は、執行官手数料規則に基づく費用についての予納金であり、明渡し等事件の作業員日当、遺留品運搬費用、倉庫保管費用等は含まれていません。また、執行官援助など各事件毎の処理の都合で、予納金が不足する場合がありますので、当執行官室から連絡があったときは、すみやかに追納をお願いします。

第 5 章

債権に対する強制執行

債権差押えについて知っておこう

不動産や動産に対する差押えとはかなり違う

債権に対しても強制執行ができる

　目に見える不動産や動産の他に、「債権」も十分に強制執行の対象となります。債権とは、特定の人が特定の人に対して給付を請求することができる権利です。ただし、ここで強制執行の対象として取り扱う債権は、一応、金銭の給付を請求することができる債権に限定します。それ以外の債権については、専門性が高いので、執行を申し立てたいときは、弁護士など専門家に相談してみましょう。

　金銭の給付を目的とする債権で典型的なものは、銀行などの金融機関に対する預金債権、会社員などが使用者に対してもつ賃金債権、企業が取引先に対して有する売掛金債権などが挙げられます。

　たとえば、債権者Xが債務者Yに対して債権をもっていて、Yが期限に債務を履行しなかったとします。

　もし、YがZに対して債権をもっていたら、Xは強制執行を申し立てて、YのZに対する債権を差し押さえた上で、債権の回収を図ることができるわけです。ここでは、Zを第三債務者と呼んでいます。Zは、Yの勤務先であったり、預金先の銀行であったりするわけです。

債権差押命令の効力

　債権執行の申立てが認められて、差押命令が第三債務者に送達されると債権差押命令の効力が発生します。これ以降、債務者は第三債務者からその債権の弁済を受けることは禁じられます。また同時に、第三債務者も債務者に対して弁済することはできません。

　債権者をX、債務者をY、第三債務者をZとして、債務者と第三債

務者別に、債権差押命令の効力について説明していきます。

① **債務者Ｙに対する効力**

　債権差押命令が効力を生じると、債務者Ｙは、その債権を消滅させる行為、つまり、第三債務者Ｚからの弁済を受領することが禁止されます。また、債権をめぐる法律関係を変動させることも禁止されますので、Ｙは、当該債権を第三者に譲渡することもできなくなります。たとえ譲渡したとしても、この債権譲渡を債権者Ｘ、第三債務者Ｚに対して対抗（主張）することはできません。譲渡はなかったものとして扱われます。

　債権に質権を設定することもできません。債権差押命令送達後は、ＹがＸ以外の債権者のために当該債権に質権を設定しても、その効力の有効性を主張することはできないのです。

② **第三債務者に対する効力**

　第三債務者Ｚに債権差押命令が送達されると、Ｚは、弁済など、当該債権を消滅させる行為はできなくなります。

　ＺがＹまたはＹから債権譲渡を受けた人に対して弁済したとしても、それを債権者Ｘに対して対抗（主張）することはできません。結果として、二重に弁済しなければならないわけです。

■ **債権執行のしくみ** ・・

債権者

債務者
Ｙ

差押え

債権

直接取立てができる

第三債務者
Ｚ

なお、あちこちから弁済を請求されたり、差し押さえられたりすると、第三債務者が法務局に供託をすることがあります（183ページ）。

▌差押えのできない債権もある

　債権の差押えといっても、債権なら何でも差し押さえることができるわけではありません。確かに、弁済すべき債務を履行しないのは問題がありますが、債務者の生活ひいては生命まで危険にさらすことはできません。特に、強制執行は国家権力が強制的に個人の財産を取り上げる作用なので、国民の生活を積極的に脅かすことは許されないのです。

　そこで、民事執行法とそれを受けた政令では、債権者の債権回収の利益と、債務者の生活保障の調和の観点から、差押えのできる債権の限界を設けています。

① 　国および地方公共団体以外の者から生計を維持するために支給を受ける継続的給付に関する債権

　民事執行法では、国や地方公共団体以外の者から生活のための給付を継続的に受ける債権について、その一部の差押えを禁止しています。もともと、このような債権は、債務者の生活を維持するために、給付されることが約束されたものです。そのため、生活を維持する金額を超過する分についてだけ、差押えを認めることとしています。

　なお、国や地方公共団体からの給付については、後述するように、各法律によって規定されています。

② 　給料、賃金、俸給、退職年金および賞与などの債権

　債権執行では、債務者が会社員である場合には、まず、給与債権の差押えが考えられます。

　しかし、給与や退職金などは、労働者が生活していく唯一の「糧」であって、それをすべて取り上げてしまうのでは、生命すら危険にさらしてしまいます。一方で、収入は人によってかなり違いがあるので、差押えが許される範囲の判断も難しいものがあります。そこで、民事

執行法および政令で差押えが許される範囲を規定しているのです。

　まず、差押禁止範囲を決めるにあたっては、給与などが支払われる期間別に基準が定められています。そして、各支払期ごとに支払われる給与の４分の１に相当する部分についてのみ、差押えが許されます。残りの４分の３については、債務者とその家族のための生活費として差し押さえることはできないのです。この比率が原則となるので、覚えておいてください。

　ただ、給与は人それぞれです。月に20万円の者もいれば、80万円受け取る者もいます。原則に従うと、前者は５万円差し押さえられ、後者は20万円差し押さえられることになります。

　しかし、後者の場合、あと60万円も残ることになります。これだけ残るのでは、債権者としては納得できるものではありません。

　このような不合理を防ぐために、政令で支払期別に一定の額を定めて、それを超過する分については、たとえ４分の１を超えても差押えができるものとしているのです。

　たとえば、毎月80万円を受け取っている者であれば、原則に従えば差押禁止額は４分の３にあたる60万円になりそうですが、政令の定める33万円を超過する、80万円−33万円＝47万円は差し押さえることが許されています。政令の定める基準は下記のようになっています。

・支払期が毎月の場合：33万円

・支払期が半月ごとの場合：16.5万円

・支払期が毎旬（10日間ごと）の場合：11万円

・支払期が月の整数倍の期間ごとである場合：33万円×整数倍

・支払期が毎日の場合：1.1万円

・支払期がその他の期間の場合：1.1万円×期間の日数

　ただ、このように計算基準が定められていても、債務者とその家族の置かれている生活環境はさまざまです。

　債権者から見て、差押禁止の範囲が広すぎて納得がいかないことも

あるでしょう。そのため、債権者または債務者は、差押禁止の範囲について、執行裁判所に対して変更を申し立てることができます。執行裁判所は、債権者および債務者の生活状況などの諸事情を総合的に考慮して変更が相当と判断すれば、これを認めます。

③　退職手当およびその性質を有する給付に関する債権

　我が国では、退職手当は、在職中の給与の後払い的性質をもっており、退職後の生活を保障する役割をもっています。そのため、給与の場合と同様に、4分の1についてのみ差押えが許されます。

④　各法律で規定されている差押禁止債権

　社会保障関係の給付は国民の生活保障のための給付であり、これらの差押えは禁止されているのが通常です。

■ 給料が差し押さえられる範囲 ……………………………………

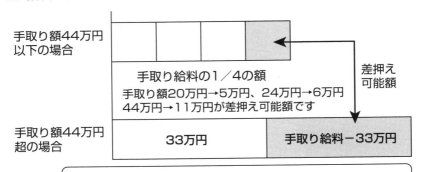

手取り額44万円以下の場合

手取り給料の1／4の額
手取り額20万円→5万円、24万円→6万円
44万円→11万円が差押え可能額です

差押え可能額

手取り額44万円超の場合

33万円

手取り給料−33万円

手取額が44万円を超える場合は、その手取額から一律33万円を差し引いた額を差し押さえることができる。つまり、33万円を債務者のもとに残せば、その残りはすべて差し押さえることができる。

債権執行の長所と短所について教えてください。

 債権執行については、不動産や動産を対象とした強制執行に
比べて次のような長所と短所があります。

① 長所

　不動産や動産は差押え後に競売にかけて現金化し、配当されること
になります。しかし、債権の場合は、差し押さえたらそのまま第三債
務者から弁済を受ければすむため、競売という煩雑な手続きは必要あ
りません。また、債権は最初から金額がはっきりしているので、差押
えの時点で回収できる額が明確になります。

② 短所

　登記されている不動産や、はっきりと姿かたちがある動産と比べて、
債権は姿かたちがないので、債務者がだれに対して債権をもっている
のかどうかが認識しにくいといえます。

　にもかかわらず、債権執行の申立てに際しては、差し押さえるべき
債権を債権者自らが特定しなければならないというルールが存在しま
す。そのため、預金債権を差し押さえるためには、金融機関名の他、
支店名まで特定しなければならず、また給料債権を差し押さえる場合
には、相手方の勤務先を知っていなければなりません。これらが特定
できないと、強制執行自体を申し立てることができなくなります。

　また、たとえ特定できたとしても、すでに何らかの権利関係が設定
されていると、それに優先されて執行は空振りとなります。債権執行
を申し立てるときは、これらの短所をふまえておくべきでしょう。

　なお、執行が空振りとなった場合は、裁判所に申立てをすることに
よって財産のありかを相手に直接聞くことができる「財産開示手続き」
という制度があります。申立てに際しては一定の要件が課せられてい
ることから、事前に裁判所に問い合わせをするようにしましょう。

2

債権差押えの手続きはどうなっているのか

転付命令との併用も考えておくべき

債権差押手続の流れをつかもう

　債権差押手続の大まかな流れは、申立て→差押命令→債務者および第三債務者への送達→取立て（供託）→配当（交付）です。ここでは、この流れに沿って、手続きについて述べていきます。

① 執行裁判所

　債権執行を行う執行機関は、地方裁判所です。どの地方裁判所になるかは、債務者が個人であれば、その住所地を管轄する地方裁判所が執行裁判所となります。債務者が会社などの法人であれば、主たる事務所の所在地を管轄する地方裁判所が執行裁判所となります。

② 申立て

　執行裁判所が確認できたら、いよいよ債権執行の申立てを始めます。申立ては書面主義を採用しており、申立書を作成して提出します。申立書には、執行裁判所名（東京地裁は民事第21部）を宛名として、日付、氏名（名称）、押印、債権差押命令を求める旨の記載をし、手数料として印紙を貼付します。当事者・請求債権・差押債権については、別紙目録に記載し、添付します。

　なお、申立てに際しては、第三債務者（19ページ）に対する「陳述催告の申立て」（190ページ）も申し立てることができます。

　申立てが受理されると、事件に対して事件番号がつけられます。この事件番号は、以後、裁判所への問い合わせや、手続きの際に必要なものなので、必ず控えておいて忘れないようにしましょう。

③ 債権差押命令

　申立書が適法なものとして受理されると、執行裁判所は債権差押命

令を発します。つまり、まず、第三債務者に対して債権差押命令を発し、陳述催告の申立てがなされていれば、一緒に陳述の催告書も送達します。そして、その後、債務者に対して債権差押命令が送達されることになります。債務者への送達が後に行われるのは、債権執行の申立てを察知した債務者が先回りして、第三債務者から弁済を受けてしまうことを避けるためです。

　申立てからここまでは、通常、1週間から10日間かかります。その途中で差し押さえようとする債権の弁済期が到来してしまうと、債務者が第三債務者から弁済を受けてしまうおそれがあるので、タイミングを計って申し立てるようにしましょう。

④　**債権者による取立て**

　債権差押命令が発せられ、債務者および第三債務者に送達されると、執行裁判所から差押債権者に対して送達日が通知されます。債権差押命令が債務者に送達されてから1週間経過すれば、差押債権者は第三債務者から債権の取立てができます。この通知があれば、なるべく早く第三債務者のところへ取り立てるようにしましょう。

　取立てが終わったら、差押債権者は取立届を執行裁判所に提出します。取立届には、事件番号、宛先として執行裁判所名、届出日付、債権者、債務者、第三債務者、取立てを完了した旨や取立日付、取立金額を記載します。

　一方、差押債権者に対して弁済をした第三債務者は、執行裁判所に支払届を提出することになっています。支払届には、宛先として執行裁判所名、届出日付、第三債務者の住所・氏名、事件番号、債権者・債務者、支払った金額・日時を記載します。

　万が一、第三債務者が差押債権者に対する弁済を拒んだときは、訴訟提起により、差押債権者は債権回収を図ることになります。

⑤　**第三債務者の供託**

　債務者が債務を履行できないときは、往々にして、多重債務を抱え

ていることが多いです。そのため、複数の債権者が同時期に債権差押えの申立てをして、同じ債権に差押えや仮差押（252ページ）が重複することがよくあります。

このような場合、第三債務者が、自己の勝手な判断で差押債権者の1人に弁済してしまうと不公平ですし、手続きも混乱してしまいます。そのため、差押え（仮差押）が重複したときは、第三債務者は必ず、法務局（供託所）に供託しなければならないとされています。

供託とは、弁済期が到来したものの、差押えの重複などによって支払うべき相手がわからないというような場合に、金銭などの財産を供託所に託すことができる制度です。供託の手続きにのっとって金銭を預けておけば、最終的には供託所を通して、正当な受取人の手に渡ることになります。

第三債務者は、供託後、執行裁判所に事情届を提出します。事情届には、供託した金額・日時、供託番号、各差押えの事件番号・債権者名・債権差押命令送達日・請求債権額などを記載します。

なお、債権差押命令が単独のときには、供託するしないは、第三債務者の任意です。ただ、供託した場合には、執行裁判所に事情届を提出します。

▌転付命令とは

第三債務者からの取立てと似て非なるものに、**転付命令**というものがあります。実務上よく使用される債権回収の手段です。

① 転付命令と債権差押命令の違い

前述した第三債務者からの取立ては、差押債権者が債務者に代わって第三債務者から債権を取り立てるものです。取り立てて自分の債権に充当することが認められているだけで、債権それ自体を取得するものではありません。

これに対して、転付命令は、裁判所に申し立てて命令を発してもら

う点では第三債務者からの取立てと同じですが、債権がそのまま債権者に移転する点で、第三債務者からの取立てと異なります。債権譲渡と同じような効果が発生するのです。債権者は、自分の債権として第三債務者から、弁済を受けるわけです。

　転付命令が効力を生じるのは、それが確定したときです。転付命令は、命令が出されてから1週間以内に不服申立て（執行抗告）がなされなければ確定します。この場合、転付命令が第三債務者に送達されたときに弁済されたものとされます。

② 転付命令の長所と短所

　転付命令には、第三債務者からの取立てと比べて長所と短所があります。この両者を知った上で、利用してみてください。

　長所としては、他の債権者の介入を防げるというところがあります。第三債務者からの取立ての場合、他に債権者がいて、差押え・仮差押が重なったり、配当要求をしてくるケースがよくあります。そうなると、通常は、他の債権者と第三債務者から取り立てた金銭を分配しなければなりません。債権の全額回収は不可能になります。

　しかし、転付命令では、債権をそっくりそのまま独占することができます。

■ 転付命令のしくみ ……………………………………………………

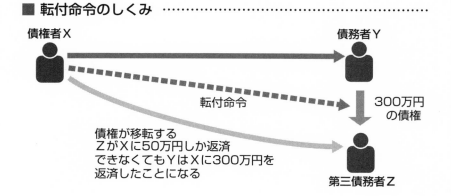

債権者X　　　　　　　　　　　　　　　債務者Y

転付命令　　　　　　　　　300万円
　　　　　　　　　　　　　の債権

債権が移転する
ZがXに50万円しか返済
できなくてもYはXに300万円を
返済したことになる

第三債務者Z

その一方で、短所もあります。転付命令は、債権としての金額（券面額）そのままに、債権者に債権が移転します。これは、債権の券面額どおりの範囲で、債権が弁済されることを意味しています。たとえば、XがYに対して300万円の債権をもっていて、YのZに対する券面額300万円の債権につき転付命令を得たとします。この場合、Zに資力がなく、Xに対して50万円しか弁済できなくても、Xは債務者Yとの関係では300万円の弁済を受けたのと同じことになるのです。

転付命令は、このようなリスクを伴うので注意が必要です。逆に言えば、第三債務者（この例でのZ）が、資力の確かな大企業・銀行などであれば、確実な債権回収の手段となるのです。

転付命令の申立ては、差押え命令の申立てと別個にすることもできますが、実務上は併合して申し立てることが多いです。

転付命令を取るための要件

転付命令を取るためには、次の2つの要件が必要です。

① **他に差押債権者などがいないこと**

第三債務者に転付命令が送達された時点で、目的とする債権に関して、他に差押債権者などが存在しないことが必要です。すでに手続きを進めている者がいるのに、債権を独占させる効果のある転付命令を認めるわけにはいかないからです。

② **券面額（金額）があること**

転付命令は、たとえ債権者が第三債務者から債権全額について弁済を受けられなくても、債務者との関係においては券面額が弁済されたと同視される制度です。ですから、後日の紛争や混乱を避けるため、目的とする債権にははっきりとした券面額がなければならないのです。

3

債権差押命令の申立てについて知っておこう

申立書や添付書類はだいたい不動産の場合と同じ

債権差押命令申立書の書き方

債権差押命令の申立書は、書面主義を採用しています。申立書の構造は、不動産の強制競売の申立書とほとんど同じなので、63ページを参照してください。

① **申立書**

申立書（191ページ）には、宛先として執行裁判所名、申立て年月日を記載し、右上部に手数料としての印紙を貼付します。代理人によって申し立てるときは、申立債権者代理人の氏名を記載します。

当事者・請求債権・差押債権は、申立書に直接記載せず、「別紙目録のとおり」とします。そして、本文として、債権差押命令を求める旨を表示します。また、最後に添付書類を列記します。

② **当事者の表示**

当事者の表示は、「当事者目録」（192ページ）に記載して添付します。当事者は、債権者（債権者代理人）、債務者、第三債務者で、それぞれ住所（法人であれば主たる事務所の所在地）と氏名（法人であれば名称または商号と代表者）を、債務名義と一致するように記載します。債務名義が出された後に変更があった場合は、新旧両方を記載しておきます。

なお、送達場所が住所と異なるときは、送達場所も別途記載します。

③ **請求債権の表示**

債権者が債務者に対してもっている債権を「請求債権目録」（193ページ）に表示します。債務名義の事件番号などとともに、元金、利息、損害金、執行費用を記載します。

注意したいのは、不動産強制競売のケースでは、支払いがなされるまでの期間を利息や損害金の基準としているのに対し、ここでは申立日までを基準とする点です。

④　差押債権の表示

債務者が第三債務者に対して有する債権で差押えを希望するものを、「差押債権目録」（194ページ）に表示します。

ここで大切なことは、客観的に債権の特定が可能なものでなければならないということです。債権の特定は、債権者と債務者、発生原因、発生年月日、金額などを表示して行います。債務者が第三債務者に対して複数の債権をもつ場合には、どの債権の差押えを希望するのかも明確にします。

ただ、この差押債権目録の表記は、執行裁判所によって異なった様式が要求されているようです。申立人としては非常に困るのですが、申立てにあたっては、事前によく裁判所の窓口で確認しておくべきでしょう。

▌申立ての添付書類

債権差押えの申立てにあたってはいくつかの添付書類が必要になります。

① 執行力ある債務名義の正本

ただの債務名義ではなく、執行力のあることが必要です。

② 送達証明書

債務者に執行力のある債務名義があることを認識させておくことが必要なので、送達がなされていなければなりません。送達がなされたことの証明として、申立書には、送達証明書の添付が必要です。

③ 当事者・請求債権・差押債権目録

申立書に記載されない、当事者・請求債権・差押債権の表示は目録を作成し、それを添付します。

④　資格証明書

　債権者・債務者・第三債務者のいずれかが法人である場合は、代表者を明らかにするため、その資格証明書を添付します。資格証明書は、商業登記事項証明書などです。

⑤　委任状

　代理人によって申立てをする場合には、委任状を作成し、添付します。法人が申立てをするときなど、弁護士以外でも代理人とすることはできます。

▌費用として必要なもの

　執行に必要な費用として、手数料としての印紙と切手を用意してください。

①　印紙

　印紙は申立書に貼付します。4,000円相当です。消印（使用済みであることを示す印）をしないように注意してください。

②　切手

　債権差押命令の送達などに必要な費用として、切手をそのまま予納

■ 債権差押手続きの流れ ·····························

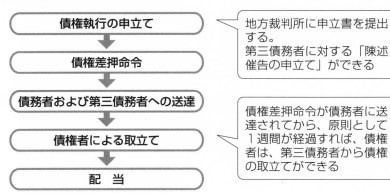

| 債権執行の申立て | 地方裁判所に申立書を提出する。
第三債務者に対する「陳述催告の申立て」ができる |

| 債権差押命令 |

| 債務者および第三債務者への送達 |

| 債権者による取立て | 債権差押命令が債務者に送達されてから、原則として１週間が経過すれば、債権者は、第三債務者から債権の取立てができる |

| 配　当 |

します。

　ただ、予納すべき切手の額は裁判所によって異なるので、あらかじめ問い合わせておきましょう。いくらの切手が何枚というように組み合わせも決まっているので、総額だけではなく組み合わせについても確認しておいてください。

▌陳述催告とは

　債権それ自体は姿かたちがあるものではなく、認識しにくいものですが、債権者は、裁判所を通して、第三債務者に差し押さえるべき債権の存在を確認することができます。それが陳述催告の制度です。債権者から陳述催告の申立てがなされると、裁判所書記官は第三債務者に対して、差押債権の存否、金額（券面額）、弁済の有無、すでに差押えや仮差押があるかなどを問い合わせます。第三債務者は、2週間以内に、陳述書を提出して答えることになっています。債権者は、この陳述書を参照して、差押債権を確認することができるのです。

　注意したいのは、陳述催告の申立てには、期限があるということです。債権差押命令が第三債務者に送達されるまでに、陳述催告を申し立てなければなりません。債権差押命令の申立てと同時にしておくべきでしょう。

　陳述催告に対して第三債務者が故意（わざと）または過失（不注意）により陳述しなかったり、虚偽の陳述書を提出すると、第三債務者は損害賠償の責任を負うことがあります。

（（ル）通常）表紙

債 権 差 押 命 令 申 立 書

東京地方裁判所民事第２１部御中

　　　令和 ○ 年 11 月 7 日

　　　　　　　　　　　申立債権者　　池袋銀行株式会社
　　　　　　　　　　　　　　　　代表者代表取締役　望月三郎

　　　　　　　　　　　　電　話　０３‐ＸＸＸＸ‐ＸＸＸＸ
　　　　　　　　　　　　ＦＡＸ　０３‐ＸＸＸＸ‐ＸＸＸＸ

　　　　　　　　当 事 者 ⎫
　　　　　　　　請求債権 ⎬　別紙目録のとおり
　　　　　　　　差押債権 ⎭

　　債権者は債務者に対し別紙請求債権目録記載の執行力ある債務名義の
　正本に記載された請求債権を有しているが債務者がその支払いをしない
　ので債務者が第三債務者に対して有する別紙差押債権目録記載の債権の
　差押命令を求める。
　☑　第三債務者に対し陳述催告の申立て(民事執行法第１４７条１項)をする

添 付 書 類

１　執行力ある債務名義の正本　　　　　１通
２　同送達証明書　　　　　　　　　　　１通
３　資格証明書　　　　　　　　　　　　１通

当　事　者　目　録

〒　170 - 0014　豊島区池袋２丁目３番１号
　　　　　　　池袋銀行株式会社
　　債権者　　　代表者代表取締役　望月三郎

〒　170 - 0012　豊島区上池袋５丁目１番１号

　　債務者　五島太郎

〒　170 - 0044　豊島区千早５丁目３番５号

　　第三債務者　山下次郎

請 求 債 権 目 録

　地方裁判所　令和2年　　　（○○）第　○○号事件の執行力のある判決正本に表示された下記金員及び執行費用

(1)　元　　金　　　　　　　　　金　　1,500,000　円

(2)　損　害　金　　　　　　　　金　71,918　円

☑　上記に対する令和2年5月10日から令和3年4月25日までの年5％の割合による金員

□　上記（1）の内金　　　　　円に対する，令和　年　　月　　　日から令和　年　　月　　　日までの割合による金員

(3)　執行費用　　　　　　　　　金　9,270　円

(内訳)　本申立手数料　　　　　金　4,000　円

　　　　本申立書作成及び提出費用　金　1,000　円

　　　　差押命令正本送達費用　　金　2,820　円

　　　　資格証明書交付手数料　　金　1,000　円

　　　　送達証明書申請手数料　　金　　150　円

　　　　執行文付与申立手数料　　金　　300　円

　合　計　金　　1,581,188　　　円

(注) 該当する事項の□にレを付する。　　　　　　　　　（判決・その他用）

【賃料債権】

差　押　債　権　目　録

金　　1,581,188　　円

ただし債務者が第三債務者に対して有する下記建物の賃料債権にして本
命令送達日以降支払期が到来する分から頭書金額に満つるまで

記

（物件の表示）
　　　　東京都豊島区千早５丁目３番５号所在

4 養育費等を請求する場合の差押えの特例もある

差押禁止債権の範囲が狭くなった

■ 養育費とは

　離婚の際に問題となっているのは、離婚後の子供の養育費の確保です。親は、子が自立するまでの間、子の生活（衣食住、教育、医療等）について、自分と同じ水準の生活を保障する生活保持義務を負っています。この義務に基づき親が負担する費用を養育費といい、離婚した場合であっても、子と離れて暮らす非監護親は、自らの資力に応じて子とともに暮らす監護親に対し養育費を支払わなければなりません。

　よく見受けられるのが、離婚後に元妻が子を引き取り、養育費を元夫が負担するというケースです。

　歳月の経過とともに、養育費が支払われなくなることも多いです。この点は、婚姻費用の分担金を支払う場合や、親族間で扶養料を分担する場合も同じ問題が発生します。このような不払いが生じた場合、扶養義務等にかかる債権を請求債権として、給与債権等の継続的給付債権を一度、差し押さえれば、その差押えの効力は将来も続き、支払いの都度差押えをする必要がなくなりました。勤務先等が、支払期限の到来の都度、給与から天引きして債権者に支払います。

　これに対し、預金等を差し押さえた場合は、現在も、すでに支払期限の到来した養育費しか回収できず、将来の養育費は、その都度、差し押さえる必要があります。この点、令和元年の民事執行法の改正で、財産開示制度が強化され、相手方の勤務先情報が取得しやすくなりましたから、できるだけ給与債権等の継続的給付債権を差し押さえるようにしましょう。

養育費などは差押えができる金額が増える

　通常の債権を根拠として差押えをするときは、債務者の給与（税金などを控除した手取り額）の４分の３は差押えができません。つまり、給与の４分の１を限度として差押えができます。しかし、養育費など（養育費・婚姻費用分担金・扶養料など）の場合は、養育費などの支払いを受ける者を保護するため、差押えができる金額が増え、原則として給与の２分の１まで差押えができます。ただし、給与が月額66万円を超える場合は、一律33万円についてのみ差押えが禁止されるため、２分の１以上の差押えができます。

　このように、養育費などは特例があるため、通常の債権（慰謝料など）とともに養育費などを請求債権（差押えの根拠となる債権）とする場合は、申立書に添付する請求債権目録と差押債権目録は、通常の債権について、養育費などの債権についてと別個に作成します。

財産開示手続と第三者からの情報取得手続

　養育費の不払いは、特に母子家庭の貧困化を招く大きな要因となっています。この問題に対処するため、令和元年に民事執行法が改正され、債務者の財産に関する情報を取得できる手続きである「財産開示手続」の改善を図り、**第三者からの情報取得手続**が新設されました。

　「第三者からの情報取得手続」で行うことができるのは、①金融機関から預貯金債権、上場株式、国債などに関する情報を取得すること、②市町村や日本年金機構等から給与債権に関する情報（勤務先など）を取得すること、③登記所（法務局）から土地と建物に関する情報を取得することです。

　この手続きの申立てができる債権者は、基本的に財産開示手続の場合と同じです。養育費などの債権者と生命・身体の損害賠償の債権者は、確定判決や執行証書などを有していれば、前述した①・②・③のいずれも申立てができます。それ以外の債権者は、前述した①・③の

申立てはできますが、②の申立てはできません。裁判所は、債権者の申立てを認めると、第三者に債務者の財産に関する情報の提供を命じます。第三者は、裁判所に書面で情報を提供します。裁判所は、その書面の写しを債権者に送付します。併せて、債務者には情報の提供がなされたことが通知されます。なお、第三者からの情報取得手続では、保険関連は対象とされていないため、たとえば、生命保険の解約返戻金などに関する情報は取得できないことに注意してください。

財産開示手続

　財産開示手続は、確定判決などを有する債権者だけでなく仮執行宣言付き判決（確定前の判決）や執行証書（強制執行認諾文言付き公正証書）を有する債権者も申立てができます。たとえば、協議離婚をした際、元夫が養育費の支払いが滞ったときに強制執行を受け入れることを公正証書で取り決めたとします（これが執行証書に該当します）。その後、元夫が養育費を支払わなくなったときは、訴訟を経ることなく、この公正証書に基づき財産開示手続の申立てができます。

　債権者が財産開示手続の申立てを行い、裁判所がその実施を決定すると、財産開示の期日が指定されます。債務者は期日に出頭し、財産に関する情報を陳述しなければなりません。債務者が、期日に出頭しない場合、出頭しても宣誓しない場合、虚偽の陳述をした場合などについては6か月以下の懲役または50万円以下の罰金という刑事罰が科されます。

■ 差押禁止の範囲 ………………………………………………

差押禁止の範囲 ──→ 一般の債権 ──→ 給与額の4分の3

差押禁止の範囲 ──→ 養育費などの債権 ──→ 給与額の2分の1

請　求　債　権　目　録（1）

（扶養義務等に係る定期金債権等）

東京家庭裁判所（□　　支部）令和2年（○○）第　○○　号事件の

- ☑　調停調書
- □　審　　判　　　　　正本に表示された下記金員及び執行費用
- □　執行力ある判決

記

1　確定期限が到来している債権及び執行費用　208,670　円

（1）　金　200,000　円

　　　ただし，債権者，債務者間の　　　**長男**　○○　　　　について
の令和2年4月から令和3年1月まで1か月金20,000円の養育費
の未払分（支払期**毎月末**日）

（2）　金　8,670　円

　　　ただし，執行費用

（内訳）　本申立手数料	金4，０００円	
本申立書作成及び提出費用	金1，０００円	
差押命令正本送達費用	金2，８２０円	
資格証明書交付手数料	金　７００円	
送達証明書申請手数料	金　１５０円	
確定証明書申請手数料	金　　　円	

2　確定期限が到来していない各定期金債権

　　　令和3年2月から令和8年8月（債権者，債務者間の　**長男**　が
　　　○○　）まで，毎月　**末**　日限り金20,000円ずつの養育費

（注）該当する事項の□にレを付する。

請 求 債 権 目 録 (2)
(一般債権)

東京家庭裁判所(□　　　支部)令和２年(○○)第　○○　　号事件の

執行力ある　{ ☑ 調停調書
　　　　　　 □ 審　　判　　正本に表示された下記金員及び執行費用
　　　　　　 □ 判　　決

記

1　元金　　　　　　　金　2,000,000　　　　　円
　☑ ただし，　**主文第３項**　記載の金　2,200,000　　円の残金
2　損害金　　　　　　金　　　　　円
　{ □ 上記１に対する，令和　年　月　日から令和　年　月　日まで
　　　　　　　の割合による金員
　{ □ 上記１の内金　　　　　　円に対する，令和　年　月　日から
　　令和　年　月　日まで　　　　　　　の割合による金員
3　執行費用　　　金　300　　　円
　　　　(内訳)執行文付与申立手数料　　　　　金　300 円

合計　金　2,000,300　円

　☑ 弁済期令和２年9月15日　□ 最終弁済期令和　　年　月　日
　□ なお，債務者は，
　　　に支払うべき金員の支払を怠り，令和年月日の経過により期限の
　　　利益喪失した。
　□ なお，債務者は，
　　　に支払うべき金員の支払を怠り，その額が金　　　　円に達したの
　　　で，令和　　年　月　日の経過により期限の利益喪失した。
　□ なお，債務者は，
　　　に支払うべき金員の支払を怠り，その額が　　　回分以上に達したの
　　　で，令和　　年　月　日の経過により期限の利益喪失した。
　□
(注)該当する事項の□にレを付する。

【民間社員給料】
差 押 債 権 目 録 (1)
（請求債権目録(1)の債権について）

1　金　200,000　円（請求債権目録記載の１）

2　(1)　令和３年１月から令和８年３月まで，毎月末日限り金
　　　　25,000円ずつ（請求債権目録記載の２）

　　(2)　令和３年１月から令和10年６月まで，毎月末日限り金
　　　　25,000円ずつ（請求債権目録記載の２）

　　(3)　令和　　年　月から令和　　年　月まで，毎月　　日限り金
　　　　円ずつ（請求債権目録記載の２）

　債務者（　○○　勤務）が第三債務者から支給される，本命令送達
日以降支払期の到来する下記債権にして，頭書１及び２の金額に満つ
るまで。

　ただし，頭書(1)及び(2)の金額については，その確定期限の到来後に
支払期が到来する下記債権に限る。

記

(1)　給料（基本給と諸手当，ただし通勤手当を除く。）から所得
　　税，住民税，社会保険料を控除した残額の２分の１（ただし，前
　　記残額が月額66万円を超えるときは，その残額から33万円を控除
　　した金額）

(2)　賞与から(1)と同じ税金等を控除した残額の２分の１（ただし，
　　前記残額が66万円を超えるときは，その残額から33万円を控除し
　　た金額）

　なお，(1)，(2)により弁済しないうちに退職したときは，退職金か
ら所得税，住民税を控除した残額の２分の１にして，(1)，(2)と合計
して頭書１及び２の金額に満つるまで

差　押　債　権　目　録 (2)
（請求債権目録(2)の債権について）

金　　800,000　　円

　債務者（　　　○○　　　勤務）が第三債務者から支給される，本
命令送達日以降支払期の到来する下記債権にして，頭書金額に満つる
まで。

記

(1)　給料（基本給と諸手当，ただし通勤手当を除く。）から所得税，住
　　民税，社会保険料を控除した残額の４分の１（ただし，前記残額が
　　月額44万円を超えるときは，その残額から33万円を控除した金額）

(2)　賞与から(1)と同じ税金等を控除した残額の４分の１（ただし，前記
　　残額が44万円を超えるときは，その残額から33万円を控除した金
　　額）

　　なお，(1)，(2)により弁済しないうちに退職したときは，退職金か
　　ら所得税，住民税を控除した残額の４分の１にして，(1)，(2)と合計
　　して頭書金額に満つるまで。

請　求　債　権　目　録
（扶養義務等に係る定期金債権等）

☑　法務局
　　　　　所属公証人　○○　作成令和2年第　○○　号
□　地方法務局
公正証書の執行力ある正本に表示された下記金員及び執行費用

記

1　確定期限が到来している債権及び執行費用　金　310,470　円

　(1)　金　300,000　　　円

　　　　ただし，令和2年11月から令和3年1月まで1か月金100,000

　　　円の婚姻費用の未払分（支払期**毎月末日**）

　(2)　金　10,470　円　　　ただし，執行費用

　　　　　（内訳）　本申立手数料　　　　　　　　金４，０００円
　　　　　　　　　　本申立書作成及び提出費用　　金１，０００円
　　　　　　　　　　差押命令正本送達費用　　　　金２，８２０円
　　　　　　　　　　資格証明書交付手数料　　　　金　７００円
　　　　　　　　　　送達証明書申請手数料　　　　金　２５０円
　　　　　　　　　　執行文付与申請手数料　　　　金１，７００円

2　確定期限が到来していない定期金債権

　　　令和3年2月から離婚又は別居解消に至るまでの間，**毎月末日**

　　　限り，金　100,000　円ずつの婚姻費用

(注)該当する事項の□にレを付する。

5 差押債権から回収する

他の債権者が登場することもあり得る

債権者が複数登場することもある

　債務者が債務を履行しないのには、さまざまな理由があります。多くの場合、なかなか資金繰りがうまくいかず、多数の債務を抱えているものです。このような状況下で債権を差し押さえると、債権差押命令の申立てをしている債権者以外に、後から配当要求をしてくる債権者が現れることがあります。また、別個に手続きを始めて、同じ債権を差し押さえようとする債権者が現れるかもしれません。

　このとき問題となるのは、**差押債権からの回収**です。その債権の金額（券面額）だけでは、すべての債権者を満足させることができないのは、むしろ一般的なことだといえます。しかし、債権執行では、最初に債権差押命令を得たからといって優先的に配当を受けられるわけではありません。それぞれの債権額に応じて、按分比例によって差押債権から配当を受けることになります。

　たとえば、差押債権の金額（券面額）が600万円で、債権者Ａの債権額が500万円、債権者Ｂの債権額が1000万円とすれば、Ａは200万円、Ｂは400万円の配当を受ける結果となります。Ａが最初に債権差押命令を申し立てたとしても、Ｂが配当要求をしてきたら、Ａは差押債権額の600万円をＢと分け合うことになり、500万円全額を回収できないのです。

　しかし、これが常に認められるとしたら、債権の回収に勤勉な債権者が不公平感を抱きます。また、いつまでも配当の比率が決まらず、法律関係も不安定になります。そのため、民事執行法では、配当要求や二重差押の場合に備えて、最初に申立てをした債権者と後発の債権

者との間で調整を図っています。

配当要求の場合

　配当要求は、執行力ある債務名義を有する債権者または先取特権者でなければできません。また、すでに進行している債権差押えに便乗するかたちをとるので、先行している手続きが取り消されたりすると、手続上の根拠を失うので、配当を受けることはできなくなります。

　配当要求は執行裁判所に対して配当要求書を提出して行います。配当要求書には、すでに進行している債権差押命令申立事件の事件番号、債権の原因、債権の額などを記載します。配当要求がなされると、執行裁判所は、第三債務者に対してその旨を通知します。

　配当要求は差押債権の存在が前提なので、この通知が第三債務者に到達するまでに、第三債務者が弁済または供託していると、配当要求は認められません。

　また、第三債務者が差押債権者に対して弁済を拒んで、差押債権者が取立訴訟を提起したときは、その訴状が第三債務者に送達されれば、その後は配当要求はできなくなります。

二重差押の効力

　債権差押命令の申立てをしても、別の債権者が、同じく債権差押命令の申立てをすると、二重差押の状態が発生します。この場合、特にだれかが優先するわけではなく、按分比例（債権額に比例して配分すること）に従って配当がなされることになります。

　しかし、後発の債権差押命令の申立てといっても、差押債権の存在が前提となっていることは当然です。そこで、差押え前に第三債務者が弁済または供託している場合は認められません。取立訴訟が提起されている場合も認められません。

6 回収のための具体的手続きについて知っておこう

差押債権者の数などによって具体的手続きが異なる

┃ 単独で差し押さえたとき

　差押債権者が１人しかいないときは、手続的にはそれほど煩雑では
ありません。差押債権者は、直接第三債務者に連絡をとって、債権の
取立てを行うことができます。

　このとき、第三債務者にしてみるとほとんどの場合、差押債権者は
初対面の人間です。債権を取り立てる権限があることと、本人である
ことまたは代理権があることを証明する書類を用意しておくことが必
要です。具体的には、債権差押命令、通知書、免許証、印鑑証明書、
委任状などです。申立書に使用した印鑑も準備すべきです。

　特に、預金債権を取り立てるときは、第三債務者は金融機関であり、
相手が本当に取立権限があるのかどうかについて細心の注意を払いま
す。事前に必要な書類を問い合わせて、アポイントメントをとってお
く方が無難です。

① 第三債務者が弁済してくれたら

　取立てに応じて第三債務者が弁済してくれたら、差押債権者は執行
裁判所に対して、その旨を取立届（207ページ）として提出します。も
し、第三債務者が供託した場合には、執行裁判所から証明書を発行し
てもらい、法務局（供託所）にそれを提出して、供託金を受け取ります。

② 第三債務者が弁済を拒絶したら

　第三債務者が弁済を拒絶した場合には、差押債権者は取立訴訟を提
起することができます。訴訟になると専門的知識や技術が必要になる
ので、弁護士に相談すべきでしょう。

複数の債権者が差し押さえたとき

　差押えが競合すると、必ず、第三債務者が供託することになっています。そして、債権者は、執行裁判所の進める配当手続に沿って、配当を受けることになります。執行裁判所から通知があるので、必要書類を確認してください。

転付命令により取り立てるとき

　転付命令があると、債権者は自分の債権として取立てをすることができますが、取立権限を証明する書類を用意しておくことが必要なのは、単独で差し押さえた場合と同様です。

　ただ、転付命令の場合は、取立てにあたって転付命令が確定していることが必要なので、その旨を証明する確定証明を執行裁判所に発行してもらいます。発行してもらうには、確定証明申請書（213ページ）を提出します。手数料として150円分の印紙を貼付します。

■ 債権の取立て

・単独で差押え

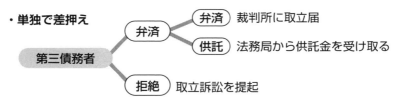

・複数人による差押え

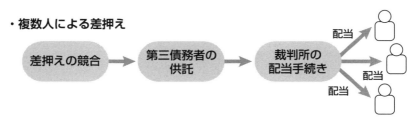

令和○年（ル）第　○○　号

取立（完了）届

東京地方裁判所民事第２１部御中

　　　　令和 ○ 年 12 月 26 日
　　　　　　申立債権者　小島　一郎　　　㊞

　　　　債　権　者　小島　一郎
　　　　債　務　者　根岸　政男
　　　　第三債務者　下谷　政和

上記当事者間の債権差押命令に基づき，債権者は第三債務者から，下記
（1，②）のとおり金員を取り立て（取立完了し）たので届けます。
　　　　　　　　　　　　記
　　1　取　立　日
　　　　取立金額　金　　　　　　　　円

　　2　別紙取立一覧表のとおり

（別紙）

取　立　一　覧　表

取　　立　　日	取　立　金　額	備　　　　　　　　考
令和○10月25日	250,000	令和○10月20日が支払期
令和○11月25日	250,000	令和○11月20日が支払期
令和○12月25日	250,000	令和○12月20日が支払期
合　　計　　額	金　　750,000 円	

書式6　転付命令申立書

債権差押及び転付命令申立書

令和○年11月7日

東京地方裁判所　御中

　　　　　　　　申立債権者　　○○○○　　　　㊞
　　　　　　　　ＴＥＬ　　03 - XXXX - XXXX

　　　　当事者　　別紙目録の通り
　　　　請求債権　別紙目録の通り
　　　　差押債権　別紙目録の通り

　債権者は、債務者に対し、別紙請求債権目録記載の執行力ある債務名義の正本に記載された請求債権を有している。しかし、債務者はその支払いを行わない。

　よって、債務者が第三債務者に対して有する別紙差押債権目録記載の債権の差押命令を求める。また、あわせて、請求債権の支払に代えて券面額で差し押さえられた債権を債権者へ転付するとの命令を求める。

添付書類

　1　　債務名義の正本　　1通
　2　　送達証明書　　　　1通

当事者目録

〒○○○－○○○○　　　東京都○○市○○町○丁目○番○号
　　　　　　　　　　　　　　債権者　　○○○○

〒○○○－○○○○　　　埼玉県○○市○○町○丁目○番○号
　　　　　　　　　　　　　　債務者　　○○○○

〒○○○－○○○○　　　神奈川県○○市○○町○丁目○番○号
　　　　　　　　　　　　　　第三債務者　○○○○

請求債権目録

　○○地方裁判所令和○年（○）第○○○号事件の執行力のある判決正本に表示された下記債権

金○○○○円

差押債権目録

金35万2711円

　債務者が、第三債務者に対して有する下記債権と、そこから
生じる利息債権につき、下記に記載する順序に従い、頭書金額
に満つるまで。

1　令和○年○月○日に債務者と第三債務者の間で締結した消
　費貸借契約に基づき、債務者が第三債務者に対して有する貸
　金債権

2　令和×年×月×日に債務者と第三債務者の間で締結した消
　費貸借契約に基づき、債務者が第三債務者に対して有する貸
　金債権

3　令和△年△月△日に債務者と第三債務者との間で締結した
　売買契約に基づき、債務者が第三債務者に対して有する売買
　代金債権

資料　転付命令

令和○年（○）第○○○○号

債権差押及び転付命令

当事者　　別紙当事者目録に記載
請求債権　別紙請求債権目録に記載
差押債権　別紙差押債権目録に記載

1　債権者の申立てにより、上記請求債権の弁済に充てるため、請求債権目録記載の執行力のある債務名義の正本に基づき、債務者が第三債務者に対して有する差押債権目録記載の債権を差し押さえる。
2　債務者は、前項により差し押さえられた債権について、取立てその他の処分を行ってはならない。
3　第三債務者は、第1項により差し押さえられた債権について、債務者に対し、弁済をしてはならない。
4　債権者の申立てにより、支払いに代えて券面額で第1項により差し押さえられた債権を、債権者に転付する。

令和○年11月7日
○○地方裁判所
　　　裁判官　　○○○○

これは正本である。
令和○年11月7日
　　　裁判所書記官　　○○○○

転付命令確定証明申請書

東京地方裁判所民事第２１部御中

　　　　令和○年１１月７日
　　　　　申立債権者　柴田　良夫　　　　　　　　　　㊞

　　　債　権　者　柴田　良夫
　　　債　務　者　新川　二郎
　　　第三債務者　砂山　明子

　　上記当事者間の御庁令和○年（○○）第○号及び令和○年（ヲ）第○○号債権差押及び転付命令申立事件に係る令和○年10月９日付け転付命令が確定したことを証明して下さい。

- -

　　　　　　　　　　　受　書

上記証明書　　通を受け取りました。
　　　　令和　年　月　日
　　　　　申立債権者

転付命令確定証明書

　　債　権　者　　柴田　良夫
　　債　務　者　　新川　二郎
　　第三債務者　　砂山　明子

　上記当事者間の当庁令和 ○ 年（○○）第○号及び令和 ○ 年（ヲ）第 ○○ 号債権差押及び転付命令申立事件に係る令和 ○ 年 ○月 ○日付け転付命令が確定したことを証明する。

　　　令和 ○ 年 10 月 10 日
　　　　東京地方裁判所民事第２１部
　　　　裁判所書記官

　（注）　この証明は，執行抗告申立期間内に当事者から執行抗告の申立てがなかった等のため，形式的に転付命令が確定したことを証明するにすぎません。
したがって，転付命令が第三債務者に送達された時までに同一債権につき他の債権者が差押え等をした場合は，転付命令は効力を生じません（民事執行法１５９条３項）。

7 物上代位による債権差押えについて知っておこう

使いようによっては通常の債権差押命令より有効

■ 賃料債権を差し押さえることができる

抵当権や根抵当権が設定されている場合には、債権者は、その不動産の賃料債権を差し押さえて、取り立てることができます。これが民法上の物上代位の制度です。不動産の担保権を実行したとしても債権を十分に回収できないケースもあるため、定期的な収入である賃料を差し押さえて支払いを受ける方法がよく利用されるようになりました。

物上代位権の行使による債権の差押えのための手続きとは、つまり、執行裁判所に対して債権差押命令の申立てをすることです。

ただし、抵当権・根抵当権に基づく権利行使なので、担保権・被担保債権・請求債権をともに明らかにし、担保権を設定している不動産物件も明示しなければなりません。

■ 申立ての書式にはどんなものがあるのか

この場合の申立ては、債権差押命令申立書（219ページ）、当事者目録（220ページ）、担保権・被担保債権・請求債権目録（221ページ）、差押債権目録（222ページ）、添付書類などの提出により行います（217ページ表参照）。

このうち、担保権・被担保債権・請求債権目録については、まず、抵当権などの担保権の種類と登記をした法務局での受付番号を、担保権として記載します。

その上で、元金・利息・遅延損害金の合計額を、被担保債権及び請求債権として記載します。

添付書類をそろえる

　添付書類については、多くは通常の債権差押命令の申立ての場合と同様です。当事者に法人がいるときは、代表者を明らかにするために、資格証明書（商業登記事項証明書）を添付します。代理人により申し立てるときは、委任状を添付します。

　特有の添付書類としては、物上代位の根拠となる抵当権などを示す不動産登記事項証明書を添付します。この証明書は申立てから遡って、1か月以内に交付されたものを用意しましょう。

　差押債権が賃料債権である場合などに問題となるのは、賃料発生の根拠となる賃貸借契約書の写しも必要かどうかということです。これは執行裁判所によって取扱いが異なるようなので、あらかじめ問い合わせておくべきです。実際には、賃貸借契約書の写しは必要がないこともあります。

陳述催告の申立てを活用する

　賃貸借契約書の写しの添付が求められない理由としては、契約書を所持しているのが債務者（賃貸人）であり、債権者が事前に写しを要求すると賃料差押えの動きを察知されてしまうという事情があります。第三債務者（賃借人）に写しを要求しても、債務者に察知される可能性はあります。

　しかし、それでは賃貸借関係が明確にならないまま、差押命令の申立てをすることになってしまいます。そのまま手続きを進めても、もし賃借人が別の者であれば、手続きは途中で頓挫してしまいます。

　そこで、陳述催告の申立てを活用する方法がとられることがあります。債権差押命令の申立てと同時に、債権者が陳述催告の申立ても行うと、第三債務者は債務の有無について、執行裁判所に陳述書を提出することになっています。これによって、第三債務者と債務者間の債権債務関係を、差押債権者は確認することができます。

物上代位のケースでは、この陳述催告の制度を活用します。差押債権者から陳述催告の申立てがあると、第三債務者は執行裁判所に賃貸借関係や賃料債権の状況などについての陳述書を提出します。これによって、賃貸借関係が明らかにされるのです。

担保不動産収益執行との関係

不動産の賃料収入に注目する債権回収の手段としては、担保不動産収益執行という制度があります（146ページ）。これは不動産の収益から債権を回収できる点で強制管理（230ページ）と類似した制度です。

ある債権者が物上代位による賃料の差押えを行っても、その後に他の債権者の申立てによって担保不動産収益執行が開始されると、先になされた差押えの効力は停止します。

ただし、差押債権者は、その後の担保不動産収益執行において配当を受けることができます。

■ 債権差押（物上代位）の申立てに必要な書式 …………………

債権差押命令申立書	・通常の債権差押命令と同じ書式 ・当事者については、別紙の目録を作成 ・債務者が担保物を所有している場合と第三者（物上保証人）が所有している場合があり、それに応じて、債権差押命令を求める ・添付書類を列記
当事者目録	・債務者以外に物上保証人がいれば、それを記載する ・担保権については不動産登記簿の記載を参照
担保権・被担保債権・請求債権目録	・被担保債権と請求債権は、元金、利息、損害金を記載する
差押債権目録	・物上代位の対象となる債権の特定のために記載

Q 他に債権者がいても物上代位による債権差押えが優先されると考えてよいのでしょうか。

A 　不動産は資産価値が高いため、それをめぐって多くの利害関係人が登場します。不動産の所有者である債務者に対して債権をもつ者は、物上代位権を行使する担保権者だけではありません。資金難に陥った債務者は、担保権者以外の者にも借金をすることが多く、新たな債権者が登場することはよくあります。

　このような状況で、物上代位権の行使により賃料債権を差し押さえた担保権者と、通常の債権差押命令を申し立てた一般債権者、さらには、債権の担保として債務者（不動産所有者）から賃料債権の譲渡を受けた債権者との優劣が争われました。

　そこで、判例は以下のような優劣関係を示しました。

① **物上代位と通常の債権差押命令**

　一般債権者の差押えと抵当権者の物上代位権に基づく差押えが競合した場合は、物上代位権の根拠となる抵当権の登記と債権差押命令の第三債務者への送達の先後で優劣が決まります。送達が抵当権設定登記よりも前であれば、抵当権者は配当を受けることができません。逆に、後である場合は、抵当権者は物上代位に基づき対象債権を差し押さえることで、一般債権者に優先して弁済を受けることができます。

② **物上代位と債権譲渡**

　債務者が第三者に賃料債権を譲渡したときは、担保権の登記と債権譲渡の第三債務者（賃借人）への送達の先後で優劣が決まります。

　なお、債権譲渡とは、債権を第三者に譲渡することをいいます。債権譲渡に際しては、債権を譲渡する者が、債権を譲渡した旨の通知を債務者にするか、債務者からの承諾を得なければ債権を譲渡したことを債務者や第三者に主張できません（第三者に主張するには内容証明郵便などの書面で通知する）。

債 権 差 押 命 令 申 立 書

東京地方裁判所民事第２１部御中
　　令和○年11月７日

　　　　　　債権者渋谷銀行株式会社
　　　　　　　　代表者代表取締役　岸　谷　和　男　㊞
　　　　　　　　電　話　０３‐ＸＸＸＸ‐ＸＸＸＸ
　　　　　　　　ＦＡＸ　０３‐ＸＸＸＸ‐ＸＸＸＸ

当事者
担保権，被担保債権，請求債権　　　　　別紙目録のとおり
差押債権

　債権者は債務者に対し別紙担保権、被担保債権、請求債権目録記載の
請求債権を有しているが債務者がその支払をしないので別紙担保権、被
担保債権、請求債権目録記載の抵当権（物上代位）に基づき、債務者兼
所有者が第三債務者に対して有する別紙差押債権目録記載の債権の差押
命令を求める。

　　　　　　　　　　　添付書類
１　不動産登記事項証明書　　１通
２　商業登記事項証明書　　　１通

※１　申立書と各目録との間に契印し、各ページの上部欄外に捨印を押す。
　２　債務者と所有者が同一人である場合は「債務者」「所有者」とあるところを「債務者兼所有者」
　　と記載する。

当 事 者 目 録

〒　150-0041　渋谷区神南３丁目２番３号
　　債　権　者　　渋谷銀行株式会社
　　　　　　　　　代表者代表取締役　岸　谷　和　男

〒　151-0073　渋谷区笹塚４丁目２番４号
　　債務者兼所有者　　脇　田　二　郎

〒　150-0031　渋谷区桜丘町３丁目３番１号
　　第三債務者　　南　山　健　治

※　債権者・債務者及び所有者は原則として不動産登記事項証明書に記載されているとおりに記
　　載する。
　　住所の移転等があるときは不動産登記事項証明書上の住所等と現在の住所等を併記し、住民
　　票等の公文書でその同一性を証明する。

担保権・被担保債権・請求債権目録

1　担保権
　　別紙差押債権目録記載の建物について
　　令和２年９月10日設定の抵当権
　　東京法務局渋谷出張所
　　令和２年９月13日受付第4235号

2　被担保債権及び請求債権
　(1)　元金　　金 7,000,000 円
　(2)　利息金　金 350,000 円
　　　上記（1）に対する令和２年９月10日から令和３年９月10日まで
　　　年５％の割合による利息金
　(3)　損害金　金 217,671 円
　　　上記（1）に対する令和３年９月11日から令和４年４月25日まで
　　　年５％の割合による損害金

　　　合　　　計　　　金 7,567,671 円

※1　担保権を、目的不動産、担保権の種類及び登記で特定する。担保権が根抵当権の場合は、
　　被担保債権の範囲及び極度額も記載する。
　2　元金を、日時、種類、金額で特定する。また、請求債権が残金又は内金であるときは、そ
　　の旨を記載する。
　3　利息、損害金は、申立日までの期間を計算して、確定させる。
　4　登記簿上、弁済期が到来していることがわからない場合は、弁済期の到来の主張を記載する。
　　(例)　なお、債務者は、令和○年○月○日の分割金の支払を怠ったので、約定により同日の
　　　　経過により、期限の利益を失った。

差 押 債 権 目 録

金 7,567,671 円

ただし，債務者兼所有者が第三債務者に対して有する下記建物の賃料
債権（管理費及び共益費相当分を除く。）にして，本命令送達日以降支
払期が到来するものから頭書金額に満つるまで。

記

所　　　在　　渋谷区桜丘町３丁目３番地１
家 屋 番 号　　３番１
種　　　類　　居宅
構　　　造　　木造瓦葺平家建
床 面 積　　70.14平方メートル

※１　第三債務者が複数の場合は第三債務者○○分と記載し、請求債権を各第三債務者に割り付
　　け、差押債権額の合計が請求債権額を超えないようにする。
　２　債務者と所有者が同一の場合は、「債務者兼所有者」と記載する。
　３　不動産登記事項証明書のとおりに不動産の表示を記載する。
　４　不動産登記事項証明書の一棟の建物の表示の欄に「建物の番号」の記載がある場合は、一
　　棟の建物の構造及び床面積の記載はしなくてもよい。
　５　敷地権の表示は、記載しない。

8 少額訴訟債権執行について 知っておこう

訴訟から手続までスピーディに行える

少額訴訟により解決した場合に利用できる

　強制執行は通常、地方裁判所が行いますが、少額訴訟にかかる債務名義による強制執行（債権執行）は、債務名義（少額訴訟における確定判決や仮執行宣言を付した少額訴訟の判決など）を作成した簡易裁判所の裁判所書記官も行うことができます。この裁判所書記官が行う強制執行を**少額訴訟債権執行**といいます。

　少額訴訟債権執行の目的は金銭債権に限られ、弁護士以外でも、簡易裁判所の訴訟代理権を取得した認定司法書士であれば、裁判所の許可を得ることなく代理人となることができます。

　少額訴訟債権執行は少額訴訟手続をより使いやすいものにするために作られた制度です。少額訴訟では、請求額が60万円以下の金銭トラブルに利用でき、1日で判決がでます。ですから少額訴訟のスピーディさを生かすためには、少額訴訟の執行手続も簡易なものにする必要がありました。通常は、簡易裁判所における訴訟で勝訴判決を得ても、債権執行する場合には、地方裁判所に申し立てなければなりません。しかし、少額訴訟債権執行を利用すれば、わざわざ地方裁判所に申し立てなくても、債務名義を作成した簡易裁判所ですぐに執行をしてもらえます。煩雑な手続きを省略することで、訴訟から執行手続まで一気に進めることができます。

　少額訴訟債権執行は、債権者の申立てによって行われますが、少額訴訟債権執行を利用することなく、通常の強制執行手続によることもできます。

少額訴訟債権執行申立書の記載の仕方

　少額訴訟債権執行申立書は、少額訴訟を行った簡易裁判所に提出します。

・少額訴訟債権執行申立書（225ページ）

　申立人を記載します。当事者、請求債権、差押債権は、記載内容が多岐にわたるため、別紙目録に記載します。

　申立書とともに提出する添付書類を記載します。具体的には、債務名義の正本や送達証明書などがあります。

・当事者目録（226ページ）

　債権者と債務者の氏名、住所を記載する他、第三債務者についても記載します。

・請求債権目録（227ページ）

　どのような債務名義により執行を求めるのかを記載します。該当する債務名義の□欄にチェックを入れます。その他、元金、利息、遅延損害金を記載します。

・差押債権目録（228ページ）

　差し押さえるべき債権を記載します。賃料を差し押さえる場合には、その物件の住所（所在）を記載することになります。

■ 少額訴訟債権執行のしくみ ……………………………………

少額訴訟
債権執行

地方裁判所

簡易裁判所の
裁判所書記官

以下の少額訴訟にかかる債務名義による
金銭債権に対する強制執行

・少額訴訟における確定判決

・仮執行宣言を付した少額訴訟の判決

・少額訴訟における訴訟費用、和解の費用
　の負担の額を定める裁判所書記官の処分

・少額訴訟における和解、認諾の調書

・少額訴訟における和解に代わる決定

少額訴訟債権執行申立書

○○簡易裁判所　裁判所書記官　　殿

令和 ○ 年 11月　7日

申立人　　　　　**甲山　太郎**　　　　　㊞

電　話 (○○○) ○○○ － ○○○
FAX (○○○) ○○○ － ○○○

当　　事　　者 ⎫
請　求　債　権 ⎬ 別紙目録のとおり
差　押　債　権 ⎭

　債権者は，債務者に対し，別紙請求債権目録記載の少額訴訟に係る債務名義の正本に表示された請求債権を有しているが，債務者がその支払いをしないので，債務者が第三債務者に対して有する別紙差押債権目録記載の債権の差押処分を求める。

☑　陳述催告の申立て（民事執行法第１６７条の１４，同法第１４７条１項）

【添付書類】

少額訴訟に係る債務名義の正本　　　　　1 通
同　送達証明書　　　　　　　　　　　　1 通
（□は該当するものにレ印を付けてください。）
□　資格証明書　　　　　　　　　　　　　通
☑　住民票，戸籍附票　　　　　　　　　1 通
□　代理人許可申立書　　　　　　　　　　通
□　委任状　　　　　　　　　　　　　　　通
□ ---------------------------------------通

受　付　印		
（少ル）第　　　　　号		
貼用印紙	円	取扱者
添付郵券	円	認　印

当 事 者 目 録

債権者	〔住所〕 〒〇〇〇−〇〇〇〇 　　　〇〇県〇〇市〇〇町1丁目1番1号 〔氏名等〕 　　甲山　太郎 　　┌ 債務名義上の住所，氏名等 　　└ 〔代理人〕 住所： 氏名： 〔送達場所〕 〒　　　−
債務者	〔住所〕 〒〇〇〇−〇〇〇〇 　　　〇〇県〇〇市〇〇町2丁目2番2号 〔氏名等〕 　　乙川　次郎 　　┌ 債務名義上の住所，氏名等 　　└
第三債務者	〔住所〕 〒〇〇〇−〇〇〇〇 　　　〇〇県〇〇市〇〇町3丁目3番3号 〔氏名等〕 　　西村　三郎 〔送達場所〕 〒　　　−

請 求 債 権 目 録

東京簡易裁判所　平成・令和　○　年（少コ）第○○○○号事件の

☑　少額訴訟における確定判決
☐　仮執行宣言付少額訴訟判決
☐　執行力のある少額訴訟における和解調書　　　　　　　　　正本に表示された
☐　執行力のある少額訴訟における和解に代わる決定
☐

下記金員及び執行費用

（1）　元　　金　　　　　　金　　**500,000**　　円
　　　☑　主文第 **1** 項　の金員（☐内金　☐残金）
　　　☐　和解条項第　　項　の金員（☐内金　☐残金）
　　　☐

（2）　損 害 金　　　　　　金　　　　　　　　　　円
　　　☐　上記(1)に対する，平成・令和　　年　　月　　日から令和　　年　　月
　　　　　日まで年　　パーセントの割合による金員
　　　☐　上記(1)の内金　　　　　　　　円に対する，平成・令和　　年　　月
　　　　　日から令和　　年　　月　　日まで年　　パーセントの割合による金員
　　　☐

（3）　執行費用　　　　　　金　○,○○○　円

　　　　　（内訳）本申立手数料　　　　　　金　4,000 円
　　　　　　　　　本申立書作成及び提出費用　金　1,000 円
　　　　　　　　　差押処分正本送達費用　　　金　○○○○ 円
　　　　　　　　　資格証明書交付手数料　　　金　　　　円
　　　　　　　　　送達証明書申請手数料　　　金　150 円
　　　　　　　　　執行文付与申立手数料　　　金　　　　円

　　　合　　計　　金　○,○○○ 円

☑　（☐最終）弁済期　平成・⟨令和⟩○ 年 **10**月**31**日
☐　なお，債務者は，　　　　　　　　　　　　　　　　に支払うべき金員
　　の支払を怠り，平成・令和　　年　　月　　日の経過により期限の利益を喪失した。
☐　なお，債務者は，　　　　　　　　　　　　　　　　に支払うべき
　　金員の支払を怠り，その額が金　　　　　　　　　円に達したので，平成・令和
　　年　　月　　日の経過により期限の利益を喪失した。
☐

差 押 債 権 目 録

金　　500,000　　円

　債務者が第三債務者に対して有する下記物件の賃料債権にして，本処分送達日以降支払期の到来する分から，頭書金額に満つるまで。

記

（物件の表示）

　　（所在）　　　　　○○県○○市○○町３丁目３番３号

　　（建物の名称）　　○○アパート

　　（賃貸部分）　　　　　２　階　201

第6章

執行に関するその他の知識

1 強制管理を利用する

売却するよりも、管理権を奪って賃料から回収を図る

強制管理とは

　債務者が貸しビルなどを所有している場合には、売却するよりも確実に債権を回収できる方法があります。バブルの崩壊以降、不動産価格が下落し、それほど高い値段で売却できなくなっています。

　しかし、その一方で、オフィスや店舗用に賃貸している貸しビルなどでは、定期的に確実に賃料収益があります。そこで、賃貸不動産の管理権を債務者から奪って、賃貸料から債権の回収を図る強制執行が考案されました。これを**強制管理**といいます。

　強制管理は、強制競売と同様に、債権者からの申立てによって開始されます。申立てがなされ、裁判所の不動産強制管理開始決定が下されると、対象不動産が差し押さえられます。そして、不動産を管理する管理人が選任されます。この管理人には、多くの場合、弁護士もしくは執行官が就任します。裁判所は、債務者に対して不動産の収益処分を禁止し、給付義務を負う第三者（賃借人）に対しては、以後収益（賃料）を管理人に給付するように命じます。つまり、賃貸物件の所有者である債務者は賃料を得ることができずに、賃借人は管理人に対して賃料を支払うことになるわけです。

　このようにして裁判所の監督の下、管理人が収益を確保し、それを定期的に債権者に配当していくのです。

担保権がある場合

　同じような背景から、もともと担保権が設定されている不動産についても、強制管理と同じような制度が設けられました。担保不動産収

益執行（146ページ）といって、平成15年の「担保物権及び民事執行制度の改善のための民法等の一部を改正する法律」で導入されました。手続的には、強制管理に関する規定を準用しています。

　以前は、抵当権が設定されている場合、不動産からの収益（賃料）については、民法上の物上代位という制度によって回収が図られていました。物上代位は、賃料や保険金など担保目的物の価値代替物について、担保権者が優先的に弁済を受ける制度で、債権差押えの手続きを経て行われるものです。物上代位が担保不動産収益執行と競合する場合は、債権差押えは収益執行の手続きに吸収されることになりました。

強制管理の申立てをする

　強制管理は、債権者からの申立てによって始まります。申立ては強制管理申立書に必要書類を添付して提出します。強制管理申立書の記載内容は、基本的には、不動産強制競売申立書の記載内容と同様です。申立書本文に加えて、当事者目録、請求債権目録、物件目録を作成、添付するところも同じです（62ページ）。

　ただし、管理人が選任されるので、弁護士など管理人として推薦したい者がいる場合には、その旨を記載します。また、「不動産の収益を給付すべき第三者」として賃借人の住所（法人の場合は主たる事務所の所在地）・氏名（名称）を記載します。さらに、その第三者が負担している給付義務の内容も記載します。具体的には、1か月あたりの賃料額などを記載するのです。

　ただ、この給付義務の内容を、債権者が正確に把握することは困難なケースが多いです。強制管理の申立ては、債務者に察知されないように始めなければ実効性が薄いため、債務者や賃借人に問い合わせをしにくいことが強制管理を利用する際のネックとなっています。

強制管理申立書

令和○年11月7日

○○地方裁判所　御中

申立人（債権者）　　○○株式会社
上記代理人弁護士　○○○○　㊞

> 当　事　者
> 請　求　債　権
> 目的不動産　　　　別紙目録記載のとおり
> 給付義務者
> 収　　　　益

　債権者は、債務者に対し、別紙請求債権目録記載の判決正本表示の債権を有しているので、債務者所有の別紙物件目録記載の不動産に対する強制管理を求める。

　なお、別紙当事者目録記載の給付義務者は、上記不動産を債務者から賃借し、別紙収益目録記載の賃料債務を負っている。

添付書類

1	執行力ある確定判決の正本	1通
2	同送達証明書	1通
3	登記事項証明書	1通
4	不動産に対して課される租税その他の公課の額を証する文書	1通
5	資格証明書	1通
6	委任状	1通

当事者目録

東京都○○区○○町○丁目○番○号
　　　　　　債権者　　○○○○
東京都○○区○○町○丁目○番○号
　　　　　　債権者代理人弁護士　　○○○○
東京都○○区○○町○丁目○番○号
　　　　　　債務者　　○○○○
東京都○○区○○町○丁目○番○号
　　　　　　給付義務者　　○○○○
東京都○○区○○町○丁目○番○号
　　　　　　給付義務者　　○○○○

請求債権目録

　債権者、債務者間の○○地方裁判所令和○年（ワ）第○○○○号
○○事件の決定正本に表示された下記債権
　　　　　　売買代金　　金○○○万円

物　件　目　録

　　（略）

収　益　目　録

１か月当たり金○○○万円（内訳は以下のとおり）

記

１　金○○万円
　ただし、給付義務を負う第三者○○○○が債務者に対して負担する
別紙物件目録記載１の建物の１か月分の賃料債務

2 不動産引渡しの強制執行について知っておこう

「引き渡せ」と裁判所に命令してもらう手続きのこと

引渡し命令はどんな場合に行うのか

引渡し命令とは、買受申出人が代金を納付して競売不動産の所有権を取得した後に、不法に占有を続けている者に対して「引き渡せ」と裁判所に命令してもらう手続きです。

ところで、今、「不法に占有を続けている者」と説明しましたが、この「不法」の語義から、占有屋（ある建物が抵当権の実行によって競売にかけられると、賃借権を口実にその建物に居座って競売を妨害し、立退料などの金銭を不当に要求する業者のことで、暴力団関係者が多い）のような者だけをイメージしてはいけません。たとえば、抵当権設定登記後に入居している賃借人は、買受人の買受後、6か月間は居住者としての立場が保証されています。

ただし、いずれは出て行かなければならない居住者ですから、立退料を払えば、今すぐに出て行ってもらえる可能性のある人たちということができます。そこで、合意によって立退料を払ったにもかかわらず、指定期限までに出て行かないという賃借人も「不法」占有者ということになるのです。このように、不法占有者というのは、何も明白な執行妨害目的を持った占有屋だけに限りません。

引渡命令の申立人と申立ての相手方について

引渡し命令を申し立てることができるのは、代金を納付した買受人です。いかがわしいと思われる占有者に対しては、落札後直ちに申し立てておきたいところですが、そうはいかないということです。ですから、落札後は、占有移転禁止の仮処分の申立てをすればよいでしょう。

次に、引渡し命令の相手方ですが、所有者（債務者）または占有者が原則です。占有者に対して申立てをするには、占有者を具体的に特定しなければなりません。そのため、占有者が短期間に入れ替わると、占有者を特定することが難しくなり、引渡し命令が困難になることが予想されます。

この点、先の保全処分の申立てをしておけば、氏名不詳の占有者に対しても対処できるようになります。

■ 手続きはどのように進行するのか

引渡し命令を申し立てるには、申立書を提出するだけでかまいません。書式は裁判所によって若干異なりますが、概ね同じような内容になっています。申立て後は、特に問題がなければ書面審査だけで命令を取得できるはずです。

引渡し命令が発令されたにもかかわらず、占有者が自発的に退去しないときは強制的に立ち退いてもらうしかありません。その手続きは不動産の引渡しの強制執行といいます。強制執行手続きは、①債務名義を取得する→②執行文の付与を受ける→③送達証明書を取得する→④前述の①から③までの書類をそろえたら、強制執行の申立てを行う→⑤執行官と強制執行日時などの打ち合わせを行う→⑥執行官が占有者に1か月以内に退去するよう催告する→⑦それでも退去しない場合は、現場に立ち入って、強制的に立ち退かせる、という流れになっていきます。

以下、これらの内容を具体的に説明していきましょう。

① **債務名義を取得する**

債務名義（20ページ）とは、債権者の権利の内容を公的に認めた文書のことです。ここでは、引渡し命令を認めた文書が債務名義にあたります。

② 執行文の付与を受ける

①の文書だけで強制執行はできません。債務名義の内容が、強制執行ができる状態にあることを公的に認めてもらう必要があります。これを執行文付与の申立てといい、裁判所書記官に対して申し立てます。

③ 送達証明書を取得する

債務者の手続保障のため、債務名義が相手方に送達されていないと強制執行はできません。そこで、裁判所書記官に送達した旨の証明文書の交付を受けておく必要があります。

④ 強制執行の申立てを行う

①②③の書類を添えて、執行官宛に強制執行の申立てを書面で行います。執行費用は裁判所によって異なりますが、だいたい5万円から8万円程度です。

⑤ 執行官と打ち合わせをする

事前に執行官と相談して日時の調整などを行っておきます。

⑥ 執行官の催告

強制執行といっても、いきなり実施するわけではありません。1回目は執行官が現地に直接行って、「○月○日までに家財道具などを運び出して退去するように」と占有者に催告するだけです。これを明渡し催告の制度といいます。通常は、約1か月間の猶予を与えることになります。

この催告を受けた占有者は、第三者に占有を移転することを禁止されます。仮に、第三者に占有を移しても、後日の強制執行には何の支障もありません。

期限までに明渡しをしないときは、債務者を強制的に退去させ、引渡しを実現します。これを断行といいます。

不動産の引渡命令に関わる書式作成上の注意点

不動産の引渡命令の申立書、送達証明申請書（引渡命令）、執行文付与の申立書の作成にあたっては、以下の点に注意します。

・不動産の引渡命令の申立書（書式２）

　まず、申立ての趣旨の部分で、不動産の引渡しを求める旨を述べます。また、申立ての理由の部分では、相手方が権原を有していないにもかかわらず不動産を占有している旨を記載します。

　当事者目録には、申立人の名称・住所と、相手方の名称・住所を記載します。法人の場合は、法人の名称の他に代表者の氏名も記載する必要があります。

・送達証明申請書（引渡命令）（書式３）

　申立人とその相手方の住所・氏名を記載します。その上で、送達が行われたことの証明を求めます。送達証明申請書は裁判所に対して提出します。

　また、送達証明申請書を提出する際には、費用として相手方一人当たり150円が必要です。この費用は収入印紙を使って納付します。

・執行文付与の申立書（書式４）

　申立人とその相手方の住所・氏名を記載します。その上で、執行文の付与を求める旨を述べます。執行文付与の申立書を提出する際には費用が300円かかります。この費用は収入印紙を使って納付します。

■ 不動産の引渡し

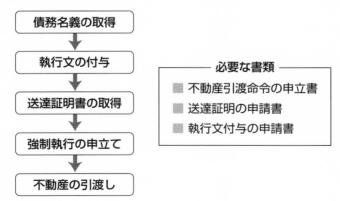

```
債務名義の取得
    ↓
執行文の付与
    ↓
送達証明書の取得
    ↓
強制執行の申立て
    ↓
不動産の引渡し
```

┌─ 必要な書類 ─┐
■ 不動産引渡命令の申立書
■ 送達証明の申請書
■ 執行文付与の申請書

令和 ○ 年 (ケ) 第○○○号

不動産引渡命令申立書

○○地方裁判所　御中

　　　　令和 ○ 年５月25日

　　　　　　　申立人(買受人)　　**甲山 春夫**　㊞

　　　　　　当事者の表示　　　別紙当事者目録のとおり
　　　　　　不動産の表示　　　別紙物件目録のとおり　(略)

申 立 て の 趣 旨

　相手方(ら)は申立人に対し,別紙物件目録記載の不動産を引き渡せ。

申 立 て の 理 由

1　申立人は,頭書事件において上記不動産を買い受け,令和 ○年５月８日に代
　金を全額納付した。
2　相手方乙野次郎は,上記不動産を占有しているが,申立人(買受人)に対抗する
　ことができる権原を有しない。
3　よって、申立ての趣旨記載の裁判を求める。

当 事 者 目 録

〒 ○○○-○○○○
申 立 人　住　所　東京都○○○○○○

　　　　氏名　**甲山 春夫**

〒 ○○○-○○○○
相 手 方　住　所　東京都○○○○○○

　　　　氏名　**乙野次郎**

〒　　　　 －
相 手 方　住　所

　　　　氏名・名称

〒　　　　 －
相 手 方　住　所

　　　　氏名・名称

（※）法人の場合は，法人の名称のほか，代表者名も記載すること。

（※）2枚一組として申請してください。

送達証明申請書

収入印紙
１５０円×
相手方の数

○○地方裁判所　御中

　　　令和○年6月10日

　　　　　　債権者　住所　東京都○○○○○○

　　　　　　　　　　氏名　甲山 春夫　㊞

　　　債権者（申立人）甲山春夫

　　　債務者（相手方）乙野次郎

　上記当事者間の御庁令和○年(ヲ)第○○○号不動産引渡命令申立事件について，不動産引渡命令正本が債務者に令和○年5月25日送達されたことを証明してください。

- -

請　　書

　地方裁判所　御中

　　　上記申請にかかる送達証明書を受領しました。

　　　令和　　年　月　　日

　　　　　　　　　　債権者（氏名）

送達証明申請書

○○地方裁判所　御中

　　　　令和 ○ 年 6 月 10日

　　　　　　債権者　住所　東京都○○○○○○

　　　　　　　　　　氏名　甲山 春夫 ㊞

　　　債権者（申立人）甲山春夫

　　　債務者（相手方）乙野次郎

　上記当事者間の御庁令和 ○ 年（ヲ）第○○○号不動産引渡命令申立事件について，不動産引渡命令正本が債務者に令和 ○ 年 5 月 25 日送達されたことを証明してください。

　　　　　上記申請のとおり相違ないことを証明する。

　　　　　　令和 ○ 年 7 月 10日

　　　　　　○○ 地 方 裁 判 所

　　　　　　裁判所書記官

執行文付与の申立書

収入印紙
３００円

○○地方裁判所　御中

令和○年6月10日

債権者　住所　東京都○○○○○○

氏名　甲山 春夫　㊞

債権者（申立人）甲山春夫

債務者（相手方）乙野次郎

　上記当事者間の御庁令和○年（ヲ）第○○○号不動産引渡命令申立事件について、債務者に対する強制執行のため必要ですので、令和○年5月25日にされた不動産引渡命令の正本に執行文を付与されたく、申し立てます。

- -

請　　書

令和　　年　　月　　日

○○地方裁判所　民事部　御中

債権者（氏名）

　上記執行文を付与された不動産引渡命令正本を受領しました

3

物の引渡債務の強制執行について知っておこう

直接強制、代替執行、間接強制という方法がある

どのような方法で行うのか

強制執行の主な方法には、民法414条が規定しており、直接強制、代替執行、間接強制の３種類があります（245ページ図参照）。民事執行法における強制執行の方法も、主にこの３種類となりますが、大部分は直接強制の方法によります。

動産の引渡しの強制執行は、直接強制または間接強制の方法で行います。直接強制または間接強制のどちらの方法で申し立てるかは、債権者の選択によります。

直接強制の方法による動産引渡し

たとえば、ＸがＹから、名匠の作品であるＹ所有の茶器を500万円で購入したとします。Ｘは、約束の期日にＹの銀行口座に500万円を振り込みましたが、Ｙは一向に茶器を引き渡しません。ＸはＹを被告として茶器の引渡しを求める訴訟を提起し、勝訴しました。しかし、

■ 第三者が動産を占有している場合 ……………………………………

強制執行の対象となる動産が第三者Ｚの下にあるので、そのままでは執行できない。債務者ＹのＺに対する引渡請求権を差し押さえる必要がある（民事執行法170条）。

Ｙは茶器をなかなか引き渡そうとしません。

　このように動産を引き渡すことを命じる債務名義がある場合、債権者は動産引渡しの強制執行を申し立てることができます。執行機関は執行官です。申立てを受理すると、執行官は茶器の保管されている場所に行き、債務者Ｙから茶器を取り上げてＸに引き渡します。

　物の引渡しの強制執行では、国の執行機関が直接に債権者の権利を実現する直接強制がよく行われています。

　なお、不動産の引渡しでは、債権者またはその代理人が執行場所に出頭した場合に限り、直接強制を行うことができますが、動産の引渡しについては、債権者等が出頭する必要はなく、その場合、執行官が取り上げた動産を保管することになります。

▎第三者が占有する動産の引渡しに関する強制執行

　上記の例において、Ｙがなかなか茶器を引き渡さなかった理由が、第三者Ｚに茶器を預けていて、ＺがＹに引き渡していなかったような場合にはどうでしょうか。

　その場合、法律的に見て、ＹはＺに対して茶器の引渡請求権をもっています。そこで、Ｘとしては、裁判所に申し立ててその引渡請求権を差し押さえ、それにより自己に対して茶器を引き渡すようにＺに請求することになるのです。

▎間接強制の方法による動産引渡し

　直接強制の場合は、執行官が売主Ｙ（債務者）から茶器を取り上げて買主Ｘ（債権者）に引き渡すということを行いました。これに対し、裁判所から「Ｙが引渡しをしない期間に応じ、一定の金額をＸに支払え」などと命じてもらうことで、Ｙに心理的圧迫を加え、自主的にＸに茶器を引き渡すことを促す間接強制もあります。

　間接強制は、債務者に心理的圧迫を加えるという点で、人権上問題

があるとして適用範囲は狭く、直接強制や代替執行ができない場合に
のみ許されると理解されていました。しかし、実際には一定の効果も
上げていたことから、平成15年の民事執行法改正によりその適用範囲
が拡張され、直接強制によるとされていた物の引渡債務などについて
も、間接強制を行うことが認められています。いずれの方法を採るか
は債権者の選択に委ねられているというわけです。

　間接強制による強制執行の申立てがあると、裁判所は間接強制の要
件等を審査し、強制金決定をします。なお、強制金の決定に際しては、
債務者には事情や言い分を述べる機会が与えられます。そして、債権
者の申立てが認容されれば、裁判所は、ⓐ義務の履行がない期間に応
じ一定の金額の割合で金銭の支払いを命じる、ⓑ一定の履行期間を定
め、その期間内に履行がないときは直ちに一定額の金銭を支払えと命
じる、ⓒ違反行為があったことを条件として一定額の金銭を支払えと
命じる、のうちいずれかの決定を出すことになります。

■ 強制執行の方法 ···

強制執行の方法	具体例
直接強制	・裁判所が債務者の不動産を競売にかけて換価し、債権者に配当する ・執行官が債務者の金庫の中の金銭を差し押さえ、債権者に配当する
代替執行	賃借人が定期借地契約終了後も土地を更地にして明け渡さない場合、賃貸人が解体業者に土地上の建物を収去させ、その費用を裁判所を経由して賃借人から徴収する
間接強制	買主がすでに代金を支払っているのに、売主が商品を引き渡さない場合、裁判所が売主に対し商品を引き渡さない期間に応じて買主に金銭を支払うよう命じることで、売主を心理的に圧迫し、商品の引渡しを促す

4

強制執行を受けた場合には不服申立てができる

不服申立方法にもいろいろなものがある

不当な強制執行に対してとれる対抗策

　強制執行は、債務者の意思に関係なく強制的に財産を処分してしまう作用です。そのため、民事執行法上も、債務者への送達、第三者の立会いなど、債務者の権利や主張を確保するための手続きを用意しています。

　しかし、債務者がぎりぎりの時点で債務を弁済したのに、強制執行が進んでいくことがあるかもしれません。何らかのミスで、民事執行法が定めている手続きが踏まれていないことがあるかもしれません。そのような場合に備えて、民事執行法では、不服を申し立てる手段を用意しています。

請求異議の訴えとは

　たとえば、なかなか資金繰りがつかず弁済期を過ぎてしまった。その後、何とか工面ができたので、あわてて債権者の銀行口座にお金を振り込んだ。しかし、債権差押命令が送達されてきたという場合を考えてみましょう。

　このように弁済をして債務が消滅したにもかかわらず、強制執行が始まってしまったときの不服申立てが**請求異議の訴え**です。

　なぜこのような事態が生じるのかというと、債権債務が存在することを法律的に判断する機関と強制執行を行う機関が別だからです。債権債務の存在を、法律的に判断する機関は裁判所です。

　しかし、そこで行われた判断に基づいて強制執行を行うのは、別の組織体としての裁判所（執行裁判所）または執行官です。これらの執

行機関は、執行力ある債務名義および送達証明書を信用して、そのまま自動的に手続きを進めていくのです。そのため、少しの時間のずれで、弁済がなされているのに執行が始まってしまうこともあるのです。

　請求異議の訴えでは、債務者が原告、債権者が被告となります。ただし、訴えを提起しただけでは、強制執行は停止しないので注意してください。停止させるためには、裁判所に執行停止決定をしてもらわなければなりません。

▌第三者異議の訴えとは

　特に動産執行の場合にあることですが、債務者の元にある差押物の中に、第三者から借りているものや、所有権を第三者に留保して買い受けた動産が紛れ込んでいることがあります。

　動産執行のところで説明しましたが、執行官が差押えをするとき、周囲の状況から客観的に見てその動産が債務者の物であると判断できれば、そのまま差押えができることになっています。各動産をめぐる権利状況について、その場で執行官が詳細に調べることはできないので、このように扱われています。

■ 不服申立ての種類 ……………………………………………………

請求異議の訴え	債権債務の存在や内容について異議がある場合
第三者異議の訴え	債務者の差押物が第三者のものであった場合、第三者からする不服申立て
配当異議の訴え	競売をして得られた売得金の配当に不服がある場合
執行抗告	民事執行の手続きに関する裁判に対して行う不服申立て。特別の定めがある場合にできる
執行異議	執行抗告ができる場合を除いて、執行手続きに不服がある場合

このような場合に、第三者が自分の権利を主張するための不服申立てが**第三者異議の訴え**です。第三者異議の訴えでは、第三者が原告、債権者が被告となります。

配当異議の訴えとは

　競売を伴う強制執行では、最終段階の手続きは、競売して得られた売得金の債権者への配当です。配当は、優先的に弁済を得られる権利を有する債権者がいれば、そこから優先的になされます。同じ順位の優先権をもっている債権者や優先権のない債権者が複数いて、売得金がすべての債務を弁済するのに足りないときは、債権額に比例して分配されます。

　このようなルールが定まっているのですが、配当を受ける債権者にとって納得のいかないケースもあります。

　そのような場合には、不服のある債権者は、配当期日に配当異議の申立てを行うとともに、1週間以内に配当異議の訴えを提起します。そして、期間内に訴えを提起した旨を、執行裁判所に対して証明しなければなりません。配当異議の訴えは提訴期間が短いので、注意が必要です。

執行抗告とは

　強制執行の手続きに関して不服がある場合には、執行抗告および執行異議などの不服申立て手段があります。

　執行抗告は、民事執行の手続きに関する裁判に対して行う不服申立てです。執行抗告は、「この競売手続きには違法性が疑われるので、裁判所の方で調べてほしい」と、主に債務者と不動産執行や動産執行の場合の目的物の所有者が裁判所に申し立てる異議申立てのことです。執行抗告は、民事執行法などで「執行抗告をすることができる」と定められている場合に限り申し立てることができます。民事執行法上、

執行抗告ができる主な裁判は次のようなものです。

・民事執行の手続きの取消決定

・強制競売の申立て却下の裁判

・債権差押命令の申立てについての裁判

・執行抗告の却下決定

執行抗告の申立て

　執行抗告は、裁判の告知を受けた日から1週間以内に、抗告状を裁判所に提出することで行います。不動産執行や動産執行の場合、法律上は買受人からの申立ても可能ですが、ほとんどは所有者側（債務者だけでなく占有者も含む）の明渡し交渉の手段として使われているのが実情です。

　申立人は執行抗告を申し立てた日から1週間以内に理由書を提出することになっていますが、これを怠ると申立ては却下されます。また、理由書が提出されても、具体的な理由が書かれていなかったり、手続きを不当に遅延させる目的だったりすると、地方裁判所で却下されます。ただ、申立てに多少の理由があると認められると、高等裁判所で（書面）審理することになるので、判断に2、3か月程度かかることがあります。特に、不動産執行の中で執行抗告が行われた際に買受人

■ 執行抗告の手続き ・・

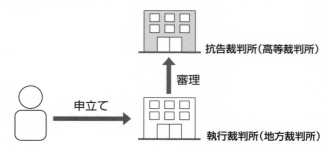

抗告裁判所（高等裁判所）

審理

申立て

執行裁判所（地方裁判所）

が注意しておきたいのは、執行抗告の申立て→却下→売却許可決定→代金納付→所有権取得の過程で半年近くもかかる場合があるということです。

執行抗告を審理する裁判所（抗告裁判所）は、執行裁判所の上級裁判所です。執行裁判所は、通常は地方裁判所なので、抗告裁判所は高等裁判所になります。

審理をするのは抗告裁判所ですが、抗告を申し立てる先は執行裁判所なので注意してください。申立ては書面で行います。代理人によって申し立てることもできますが、専門性が高いので、代理人は弁護士に限定されています。

なお、不動産執行に対して執行抗告がなされた場合と同様に、動産執行や債権執行が行われている場面で執行抗告が行われれば、動産執行や債権執行に関する審理が行われることになります。

▌執行抗告状作成の注意点（書式５）

執行抗告状には、最初に抗告人の住所・氏名を記載します。執行抗告状の提出先は裁判所になります。抗告の趣旨では、強制執行を取り消すように求めます。抗告の理由では、執行抗告を行った理由を記載します。また、執行抗告の申立てに必要な費用は1000円です。

▌執行異議

執行抗告の場合を除いて、執行手続に不服がある場合は、執行異議の方法によることになります。

審理は執行裁判所で行い、執行官が執行機関の場合でも、その執行官が所属する執行裁判所が審理を行います。

なお、執行異議の申立てを代理によって行う場合は、代理人は弁護士には限定されず、裁判所の許可を受けて代理人となることができます。

執 行 抗 告 状

令和○年11月7日

○○地方裁判所　御中

住所　東京都○○○○○○
抗告人　甲山春夫　㊞
電　話○○○—○○○—○○○○

　○○地方裁判所令和○年（ケ）第○○号不動産競売事件につき、同地方裁判所が令和○年11月5日に言い渡した売却許可決定に対し、執行抗告をする。

抗 告 の 趣 旨

　原判決を取り消し、○○○○に対する売却を不許可とする裁判を求める。

抗 告 の 理 由

追って、理由書を提出する。

5

保全手続とはどんな手続きなのか

裁判所を通した債権の保全手続を理解しておく

▎債務者の財産隠しを封じておくのが保全手続

　これまで、債権者が債権を実現するための強制執行の方法についていくつか説明してきました。しかし、債権者が、債務名義を得るために訴訟を提起すると、財産をとられないように財産を隠す債務者がいます。場合によっては、こちらが訴訟を起こす前から、すでに財産隠しに着手しているという場合もあります。強制執行してとり上げるだけの財産が債務者にないということになれば、多くの時間や費用をかけて、やっと手に入れた勝訴判決でもムダになってしまいます。そうならないためにも、債務者の財産隠しを封じる手を打っておかなければなりません。そのとき利用できる手段が**保全手続**です。

　保全手続は、一般に訴訟をする前に行います。あらかじめ債務者の財産を確保しておき、勝訴し、強制執行をするという順番になります。

　保全手続は大きく仮差押と仮処分の2つに分けられます。以下、順に説明します。

① **仮差押**

　金銭の支払いを目的とする債権（金銭債権）のための保全手続で、金銭債権の債務者が所有する特定の財産について現状を維持させる保全手続です。たとえば、AがBに対して金銭債権を持っているとします。AはBが唯一の財産である土地を売却しないようにBの土地に仮差押をします。この場合、AがBの土地を仮差押したときには、Bは自分の土地であっても、その土地を売却するなどの処分に制限が加えられます。

② 仮処分

　仮処分は、仮差押と異なり金銭債権以外の権利を保全するために必要になります。仮処分には、係争物に関する仮処分と仮の地位を定める仮処分があります。

　係争物に関する仮処分とは、物や権利の引渡しなどの請求権を保全するためになされるものです。具体的には、占有移転禁止の仮処分などがあります。

　仮の地位を定める仮処分とは、権利関係に争いがあるために生じた障害を除去するために、一定の処置を定めるものです。具体的には、不当解雇された会社員が、裁判で不当解雇が認められるまで、賃金の仮払いを求めるケースがあります。

▌保全手続の流れをつかむ

　仮差押・仮処分の大まかな手続の流れは以下のようになります。まず裁判所に「仮差押命令」「仮処分命令」を申し立てます。この申立ては書面で行うのが原則です。

■ 民事保全の全体像 ·······································

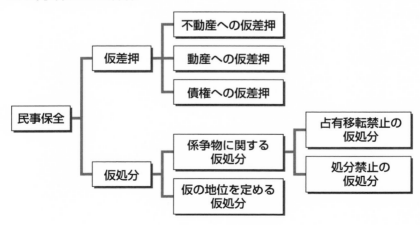

次に、その申立てを受けた裁判所が債権者に審尋（面接）などをします。審尋では、保全の必要性や保証金の決定などについて裁判所が債権者に質問をします。さらに、裁判所が決定した仮差押・仮処分の保証金を納付します。その後に裁判所が仮差押・仮処分の決定をし、実際の執行がなされます。債務者に保全手続を命ずるのは裁判所です。

　保全命令の申立ては、書面（申立書）によって行います。申立書には、被保全債権の内容とその保全の必要性を明らかにする資料、目的物の目録・謄本などを添付します。申し立てる裁判所は、原則として、債務者の住所地または仮に差し押さえる物や係争物の所在地を管轄する地方裁判所です。

　仮差押・仮処分の申立てに際しては、被保全債権（保全してもらいたい債務者に対する債権）が実際に存在することを疎明する必要があります。疎明とは、裁判官を一応納得させる程度の説明で、裁判で必要とされる「証明」よりも程度が緩やかなものをいいます。即時に取り調べられる証拠（一般的には、被保全債権についての債務者との契約書などの書証）を資料として提出して、被保全債権が実際に存在することを裁判官に納得してもらえればよいのです。

　保全手続きは、権利関係を正式に訴訟で判断する前に行う仮の手続きなので、債権者は担保を提供することになっています。

■ **民事保全の流れ** ………………………………………………………

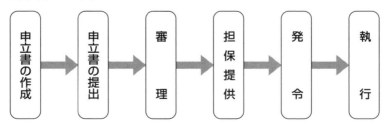

申立書の作成　→　申立書の提出　→　審理　→　担保提供　→　発令　→　執行

参考資料　執行官の手数料・費用（主なもの）

執行官事務			手数料・費用
文書の送達			1,800円
差押等	執行債権	20万円以下	3,500円
		20万円を超え50万円以下	5,500円
		50万円を超え100万円以下	7,000円
		100万円を超え300万円以下	9,500円
		300万円を超え1000万円以下	11,500円
		1000万円を超えるもの	14,000円
		債権額が定まっていない場合	14,000円
換価のための引渡し			3,500円
配当要求			900円
売却の実施等	売却金額	1万円以下	1,500円
		1万円を超え5万円以下	3,000円
		5万円を超え10万円以下	4,000円
		10万円を超え500万円以下	4000円に10万円を超える部分が10万円に達するごとに1,800円を加算した額
		500万円を超え1000万円以下	9万2200円に500万円を超える部分が10万円に達するごとに1,300円を加算した額
		1000万円を超え3000万円以下	15万7200円に1000万円を超える部分が10万円に達するごとに900円を加算した額
		3000万円を超え5000万円以下	33万7200円に3000万円を超える部分が10万円に達するごとに600円を加算した額
		5000万円を超え1億円以下	45万7200円に5000万円を超える部分が10万円に達するごとに400円を加算した額
		1億円を超え3億円以下	65万7200円に1億円を超える部分が100万円に達するごとに2,000円を加算した額
		3億円を超え5億円以下	105万7200円に3億円を超える部分が100万円に達するごとに1,000円を加算した額
		5億円を超え10億円以下	125万7200円に5億円を超える部分が100万円に達するごとに500円を加算した額
		10億円を超えるもの	150万7200円に10億円を超える部分が1000万円に達するごとに1,500円を加算した額
動産の引渡し			7,000円
不動産の引渡し			15,000円
動産の引渡命令の執行			7,000円

【監修者紹介】
岩﨑　崇（いわさき　たかし）

1986年生まれ。神奈川県横浜市出身。首都大学東京都市教養学部法学系卒業、慶應義塾大学法科大学院修了。2012年弁護士登録。裁判にしない交渉によるスピード解決と、トラブル予防の仕組みづくりを強みとし、中小企業向け企業法務、顧問弁護士業務を展開。法令違反の調査にとどまらず、法令を遵守しつつ事業目的を実現するための提案とわかりやすい説明に定評がある。経営者向けセミナー開催、東洋経済オンライン等記事執筆実績多数。慶應義塾大学法科大学院助教。
主な著作（監修書）に、『図解で早わかり　最新　独占禁止法・景表法・下請法』『事業再編・M&A【合併・会社分割・事業譲渡】の法律と手続き（共同監修）』『最新 特定商取引法と消費者契約の実践法律知識』『内容証明郵便・公正証書・支払督促の手続きサンプル51』（いずれも小社刊）がある。

●植月・岩﨑法律事務所
横浜市西区北幸2-1-6 鶴見ビル5階
電話 045-620-7553
https://ui-law.com/

すぐに役立つ
改訂新版　入門図解
強制執行のしくみと手続き　ケース別実践書式33

2022年11月30日　第1刷発行

監修者	岩﨑崇
発行者	前田俊秀
発行所	株式会社三修社
	〒150-0001　東京都渋谷区神宮前2-2-22
	TEL　03-3405-4511　FAX　03-3405-4522
	振替　00190-9-72758
	https://www.sanshusha.co.jp
	編集担当　北村英治
印刷所	萩原印刷株式会社
製本所	牧製本印刷株式会社

©2022 T. Iwasaki Printed in Japan
ISBN978-4-384-04903-9 C2032